Janac, Koller, Kreuter-Müller, Tomić

Ernährung bei Schluckstörungen

Caroline Janac, Flora Koller, Martina Kreuter-Müller, Magdalena Tomić

Ernährung bei Schluckstörungen

maudrich

Eine geschlechtergerechte Schreibweise wird in diesem Buch vorwiegend durch Nennung der weiblichen und männlichen Form realisiert, ansonsten durch den Doppelpunkt. Ist dies nicht möglich oder sinnvoll, so wird nach Möglichkeit eine neutrale Form gewählt.

TREE ONE FOR TITLE
Mit der Erscheinung dieses Buches haben wir **zusammen mit der Druckerei FINIDR** einen neuen Baum gepflanzt.

FSC www.fsc.org MIX Papier aus verantwortungsvollen Quellen FSC® C014138

Bibliografische Information der Deutschen Nationalbibliothek
Die Deutsche Nationalbibliothek verzeichnet diese Publikation in der Deutschen Nationalbibliografie; detaillierte bibliografische Daten sind im Internet über http://dnb.d-nb.de abrufbar.

2. Auflage 2023

Bildnachweis:
S. 8, 9, 18, 19, 22, 26, 34, 35, 36, 140: stock.adobe.com
S. 38, 146: istockphoto.com
S. 52, 58, 70, 74, 82, 88, 100, 106, 127, 131: Victoria Posch und Esther Karner, Wien

Lektorat: Sabine Schlüter, Wien
Satz: Florian Spielauer, Wien
Umschlagbild: Victoria Posch und Esther Karner, Wien
Covergestaltung: facultas nach einem Entwurf von Jose Coll, studiob.a.c.k.
Druck: finidr
Printed in the E. U.
ISBN 978-3-99002-156-9
e-ISBN 978-3-99111-642-4

INHALTSVERZEICHNIS

VORWORT

Liebe Leserin, lieber Leser,

Schluckstörungen haben vielfältige Ursachen. Einerseits können sie von neurologischen Erkrankungen (z. B. Schlaganfall, Parkinson, ALS, Multiple Sklerose) ausgelöst werden, andererseits können sie bei Beschwerden, Operationen oder Behandlungen im Hals-Nasen-Ohren-Bereich auftreten. Welche Ursache auch immer zugrunde liegt, alle Schluckstörungen haben eines gemeinsam: Die Nahrungs- und Flüssigkeitsaufnahme ist erschwert. Dies kann zu einer eingeschränkten Speisen- und Getränkeauswahl, Verlust an Lebensqualität, möglicherweise Angst beim Essen und Trinken, zu Mangelernährung und rascherem Krankheitsfortschritt führen. Haben Sie aber keine Sorge – mit den diversen Tipps und Tricks ist trotz Dysphagie und Kostanpassung ein genussreiches Essen und Trinken möglich!

Neben der medizinischen Behandlung der Erkrankungsursache steht daher vor allem die logopädische und ernährungsmedizinische Betreuung im Vordergrund. Es gilt, den täglichen Energie- und Nährstoffbedarf zu decken und auf diese Weise einem Gewichtsverlust sowie Mangelernährung vorzubeugen. Es geht aber nicht nur um Nährstoffe, denn Essen ist eng mit sozialen Ereignissen verknüpft und bedeutet auch Lust und Lebensqualität.

Die Wahl der richtigen Nahrungskonsistenz sowie spezielle Schlucktechniken helfen Betroffenen ganz wesentlich dabei, die Nahrungsaufnahme zu erleichtern und wieder lustvoll zu erleben. Unser Buch richtet sich an erwachsene Betroffene und deren Angehörige. Sie finden hier viele Tipps und Techniken zum richtigen Kochen, Essen und Trinken sowie zahlreiche – nach therapeutischen Schluckstufen gegliederte – Rezepte. Ebenso kann dieses Buch medizinischem Fachpersonal und Therapeut:innen als Nachschlagewerk sowie als Inspirationsquelle für Rezepte dienen.

Unser Ziel ist es, das Wohlbefinden der Betroffenen zu steigern sowie den Ernährungszustand mit Tipps und Tricks positiv zu beeinflussen. In diesem Sinne wünschen wir gutes Gelingen!

Wien, im Jänner 2023

Caroline Janac
Flora Koller
Martina Kreuter-Müller
Magdalena Tomić

DER SCHLUCKVORGANG

Essen und Trinken nehmen einen wichtigen Stellenwert im Leben ein – zum einen dienen sie der Ernährung, und zum anderen sind gesellschaftliche und kulturelle Ereignisse meist mit Mahlzeiten verbunden. Speichel, Getränke und Speisen werden dabei normalerweise ohne viel darüber nachzudenken geschluckt. Wir schlucken durchschnittlich etwa 1000 Mal pro Tag. Dieser Vorgang erfordert in der Regel keine besondere Aufmerksamkeit und läuft meist nebenbei. Sich während einer Mahlzeit zu unterhalten, beim Radfahren zu trinken oder im Gehen einen Apfel zu essen, ist scheinbar nichts Besonderes.

Aus physiologischer Sicht ist der Schluckvorgang aber ein sehr **komplexer Ablauf**. Verschiedene Gehirnstrukturen und einige Hirn- und Rückenmarksnerven sorgen für die Steuerung der unten aufgeführten Strukturen (siehe Abbildung). Dabei arbeiten etwa 50 Muskelpaare folgender Regionen so zusammen, dass Speichel, Getränke und Nahrung sicher und rasch vom Mund zum Magen transportiert werden können:

Der Schluckapparat

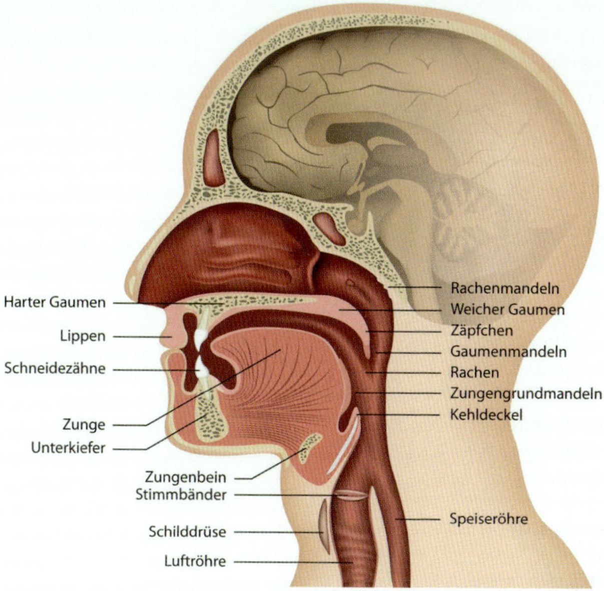

Um den Schluckvorgang beschreiben zu können, wird er in der Medizin in vier Phasen unterteilt. Diese laufen teils bewusst steuerbar und teils reflektorisch[1] ab und werden hier beschrieben:

Schluckphasen	
Vorbereitungsphase (orale Vorbereitungsphase)	Die Speise wird gekaut und geformt, bis sie eine Konsistenz hat, die geschluckt werden kann. Dabei sind die Lippen geschlossen, die Wangen angespannt, Kiefer und Zunge machen kreisende Bewegungen. Das Gaumensegel schließt die Mundhöhle gegen den Rachen ab.
Mund-Phase (orale Phase)	Die Zunge bringt den Schluck zwischen sich selbst und dem Gaumen in Position. Das Gaumensegel schließt die Mundhöhle zu Beginn noch gegen den Rachen ab, beginnt dann aber bereits, den Weg freizugeben. Der Eingang zur Luftröhre ist noch geöffnet.
Rachen-Phase (pharyngeale Phase)	Sobald der Speisebrei weit genug in den Rachen transportiert wurde, wird der Schluckreflex ausgelöst. Jetzt setzen die reflektorischen Bewegungsabläufe ein und der weitere Verlauf kann nicht mehr bewusst gesteuert werden. Das Gaumensegel dichtet zusammen mit der hinteren Rachenwand den Nasenraum ab. Der Speisebrei wird durch Bewegungen der Zungen- und Rachenmuskulatur weitertransportiert. Währenddessen senkt sich der Kehldeckel, und Schleimhautfalten über dem Kehlkopf sowie die Stimmbänder schließen den Eingang zur Luftröhre ab – ein Schutz vor dem Eindringen des Schluckguts in die Luftwege entsteht. Der Speisebrei wandert nun in die Speiseröhre. Die Schleimhautfalten im Rachen und die Stimmbänder öffnen wieder. Die Atemwege sind somit wieder frei.
Speiseröhren-Phase (ösophageale Phase)	Der Transport durch die Speiseröhre erfolgt durch zwei Muskelkontraktionswellen, die den Speisebrei in den Magen transportieren. Somit ist der Schluckvorgang abgeschlossen.

Der in der Tabelle beschriebene Ablauf wird durch sensible Rückmeldungen aus Mund, Rachen und Kehlkopfbereich stets angepasst. So ist beispielsweise der Ablauf des Schluckvorgangs bei einem Schluck Wasser nicht identisch mit dem Ablauf bei einem Bissen hartem Brot oder wenn versehentlich eine zu heiße Kartoffel in den Mund genommen wurde.

1 reflektorisch = durch einen Reflex bedingt; auf diesen Abschnitt des Schluckvorgangs kann bewusst kein Einfluss genommen werden.

SCHLUCKSTÖRUNG – DYSPHAGIE

Verschiedene Erkrankungen und Schädigungen können dazu führen, dass die zuvor in der Tabelle beschriebenen Abläufe nicht mehr problemlos funktionieren. Man spricht dann von einer Schluckstörung. Der Fachbegriff lautet Dysphagie, abgeleitet aus dem griechischen „phagein“ für „essen“ und der Vorsilbe „dys-“ für „gestört“.

Der Transport von Speichel, Getränken und Nahrung vom Mund zum Magen ist in diesem Fall beeinträchtigt. Es besteht die Gefahr, dass Speichel oder Anteile von Speisen und Getränken in die Atemwege gelangen. Dort können sie zu Entzündungen und im Akutfall zu Erstickungsanfällen oder Atemnot führen.

Neben dieser **Gesundheitsgefährdung**, die von einer Schluckstörung ausgeht, ist beim Trinken und Essen auch der Genuss häufig beeinträchtigt. Eine Dysphagie kann darüber hinaus dazu führen, dass betroffene Personen **Einschränkungen** im sozialen Leben erfahren.

Haben Sie keine Sorge, nur noch „Einheitsbrei“ essen zu dürfen! Die Vorschläge im Rezeptteil sollen Ihnen trotz Dysphagie und Kostanpassung zu genussreichem Essen und Trinken verhelfen.

Das Schlucken ist beim Menschen so störanfällig, weil Atem- und der Speiseweg über eine weite Strecke hin gleich verlaufen, bevor sie sich im unteren Rachen kreuzen, wie in der Abbildung auf S. 9 zu erkennen ist. Selbst gesunde Personen können sich daher verschlucken, wenn sie beispielsweise unkonzentriert sind oder wenn sie während des Essens lachen müssen.

Ursachen von Schluckstörungen

Neurologische, internistische sowie Hals-Nasen-Ohren-Erkrankungen und manche medizinischen Maßnahmen können zu Schluckstörungen führen, sodass es überdurchschnittlich häufig zum Verschlucken kommt und daraus eine Gesundheitsgefährdung entsteht. In der folgenden Tabelle sind solche Erkrankungen aufgeführt. Darüber hinaus steigt – unabhängig von Grunderkrankungen – im höheren Alter generell das Risiko an, eine Schluckstörung zu entwickeln.

Häufige Ursachen für Schluckstörungen		
Neurologische Erkrankungen	Schlaganfall	Mangeldurchblutung im Gehirn oder Hirnblutung; etwa die Hälfte der Betroffenen hat in der Akutphase eine Schluckstörung.
	Schädel-Hirn-Trauma	Verletzung des Schädels und des Gehirns infolge eines Unfalls (z. B. Verkehrsunfall, Sturz etc.); durch Blutungen oder Schwellungen im Gehirn tritt bei ca. 50–60 % der Betroffenen eine Dysphagie auf.
	Hirntumoren	Je nach Lage des Tumors, zusätzlichen Schädigungen durch Strahlenbehandlung sowie Druck auf andere Hirnareale variieren die Angaben zur Häufigkeit von Schluckstörungen stark.
	Multiple Sklerose	Entzündliche Erkrankung des Gehirns; der Verlauf kann schubförmig oder von Erkrankungsbeginn an fortschreitend sein; 30–40 % der Betroffenen entwickeln im Verlauf eine Dysphagie.
	Parkinson-Erkrankung	Fortschreitende Erkrankung, die zum Absterben bestimmter Nervenzellen führt; eine Schluckstörung tritt beim typischen Parkinson-Syndrom nicht zu Beginn der Erkrankung auf; im Verlauf zeigt sich aber bei etwa der Hälfte der Betroffenen eine Schluckstörung.
	Amyotrophe Lateralsklerose (ALS)	Fortschreitende Erkrankung, die zu Muskellähmungen im gesamten Körper führt; in etwa 25 % der Fälle tritt bereits zu Beginn eine Schluckstörung auf; im Verlauf kommt es fast immer zu einer Dysphagie.
	Myasthenia gravis	Autoimmunerkrankung, die zu belastungs- oder tageszeitenabhängiger Schwäche der Muskulatur führt; bei ca. 20 % der Betroffenen ist die Schluckstörung das Erstsymptom, im Verlauf kommt es bei ca. 50 % zu einer Dysphagie.
	Muskeldystrophien	Fortschreitende Muskelerkrankungen, bei denen die Häufigkeit von Schluckstörungen je nach Typ und hauptsächlich betroffenen Muskelpartien zwischen ca. 12 und 80 % schwankt.

HNO-Erkrankungen	Tumoren	Eine Schluckstörung kann durch den Tumor selbst, durch die operative Entfernung von am Schlucken beteiligten Strukturen oder als Konsequenz von Bestrahlungen und Chemotherapien ausgelöst werden; unter den HNO-Erkrankungen sind Tumoren die häufigste Ursache für Schluckstörungen.
	Traumata	Verletzungen im Mund-, Rachen- und Halsbereich können ebenfalls Schluckstörungen verursachen.
	Zenker-Divertikel	Ausstülpung von Schleimhaut im unteren Rachen; kann zu Druckgefühl, Wiederhochkommen von Nahrungsanteilen, Husten beim Schlucken etc. führen; etwa 2 % der Personen, die über eine Schluckstörung klagen, haben ein Zenker-Divertikel.
Internistische Erkrankungen	Erkrankungen der Speiseröhre	Bewegungsstörungen der Speiseröhre, Refluxerkrankungen, Verengungen, Tumoren sowie Entzündungen der Speiseröhre können ebenfalls zu Schluckstörungen führen.
Medizinische Maßnahmen als Ursache	Nebenwirkungen von Medikamenten	Zahlreiche Medikamente (z. B. Tranquilizer, Rheuma- und Gichtmittel, Neuroleptika, Botulinumtoxin ...) können Schluckstörungen auslösen oder verstärken.
	Komplikationen chirurgischer Maßnahmen	Beispielsweise bei der Operation einer verengten Halsschlagader kann es zu Nervenverletzungen und damit zu Zungen- bzw. Stimmbandlähmungen kommen, die eine Schluckstörung nach sich ziehen können.
	Folgen von Bestrahlung und Chemotherapie	Als Nebenwirkungen von Bestrahlung und Chemotherapie bei HNO-Tumoren treten häufig (auch oft erst Jahre nach der Behandlung) Schluckstörungen auf.
	Intensivmedizinische Behandlungen	Länger notwendige künstliche Beatmung führt häufig zumindest vorübergehend zu Schluckstörungen.

Symptome einer Schluckstörung

Liegt eine Schluckstörung vor, wird die hohe Störanfälligkeit des Schluckablaufes zur Gefahr, denn Speichel, Getränke oder Speisen könnten in die Atemwege gelangen.

Wird der Schluckvorgang untersucht, zeigen sich folgende Symptome:

- **Leaking:** Unkontrolliertes, frühzeitiges Entgleiten von Speichel-, Getränk- oder Speiseanteilen aus dem Mund oder nach hinten in den Rachen;
- **Residuen:** Reste von Speichel, Getränken oder Speisen, die nach dem Schlucken im Mund, im Rachen oder rund um den Kehlkopf liegen bleiben;
- **Penetration:** Eindringen von Speichel-, Getränke- oder Speiseanteilen in den Kehlkopf und damit in die Atemwege bis auf die Ebene der Stimmbänder;
- **Aspiration:** Eindringen von Speichel-, Getränke- oder Speiseanteilen in den Kehlkopf und damit in die Atemwege bis unter die Stimmbänder, also in die Luftröhre und in weiterer Folge möglicherweise in die Lunge. Die Aspiration ist das schwerwiegendste Symptom einer Dysphagie.

Der Schluckvorgang läuft verborgen in Mund, Rachen und Kehlkopf ab, und die Symptome können von außen nicht direkt beobachtet werden. Daher werden Schluckstörungen von Betroffenen und auch von Außenstehenden in unterschiedlicher Deutlichkeit wahrgenommen.

Die Wahrnehmbarkeit der Schluckstörung hängt unter anderem von folgenden Faktoren ab:

- von der Sensibilität der beteiligten Strukturen;
- von der Funktion der Schutzmechanismen;
- ob die Dysphagie plötzlich oder schleichend auftritt.

In der folgenden Tabelle sind Anzeichen von Schluckstörungen beschrieben, die auf ein Eindringen von Speichel, Getränken oder Speisen in die Atemwege hinweisen können. Man unterscheidet direkte Anzeichen, welche unmittelbar vor, während oder nach einem Schluck auftreten, und indirekte Anzeichen, die allgemeine Veränderungen im Rahmen einer Dysphagie umfassen.

Anzeichen für Eindringen von Speichel, Getränken oder Speisen in die Atemwege

direkte Anzeichen	indirekte Anzeichen
Husten beim/nach dem Schlucken	Generell vermehrtes Husten/Räuspern
Räuspern beim/nach dem Schlucken	Verstärkte Verschleimung
Raue, gurgelnde Stimme direkt nach dem Schlucken	Allgemeine Stimmveränderungen
Gurgelndes Atemgeräusch	Unklarer Temperaturanstieg
Atemnot, Keuchen	Unerwünschter Gewichtsverlust
Bläuliche Verfärbung der Haut, erhöhte Herzfrequenz	Kurzatmigkeit, Bronchitis, Lungenentzündung, Lungenabszess
Austritt von Nahrung aus einer operativ angelegten Luftröhrenöffnung (Tracheostoma)	Chronisch obstruktive Lungenveränderungen

Treten die in der Tabelle beschriebenen direkten Anzeichen beim Schlucken von Speichel, beim Trinken oder Essen gehäuft auf oder spüren die Betroffenen selbst, dass das Geschluckte nicht den richtigen Weg nimmt, werden Schluckstörungen in der Regel schnell erkannt.

In manchen Fällen ist die Sensibilität aber so eingeschränkt, dass die Betroffenen trotz des Eindringens von Speichel, Getränken oder Speiseanteilen in den Kehlkopf, die Luftröhre oder die Lunge nicht räuspern oder husten müssen. Man spricht dann von einer „stillen Aspiration". Indirekte Anzeichen für eine Schluckstörung, die häufig dennoch auftreten, werden meist nicht so rasch bemerkt. Fallen sie auf, sollte eine zeitnahe Abklärung erfolgen. Dabei muss allerdings bedacht werden, dass besonders die indirekten Anzeichen auch eine Reihe anderer Ursachen haben können.

Je nach Ursache werden Schluckstörungen von Betroffenen **unterschiedlich empfunden**. Wenn Sie eine neurologisch bedingte Schluckstörung haben, ist Ihre Eigenwahrnehmung der Symptome möglicherweise eingeschränkt. Dadurch spüren Sie die Schluckprobleme eventuell selbst nicht oder nur wenig. Dies führt verständlicherweise häufig dazu, dass die Notwendigkeit einer Behandlung oder einer veränderten Kost infrage gestellt wird. Haben Sie eine Schluckstörung aufgrund einer HNO-Grunderkrankung, nehmen Sie die Schwierigkeiten eventuell deutlicher wahr.

HINWEIS: Unabhängig davon, ob Sie die Symptome der Schluckstörung selbst gut spüren oder nicht, ist nach eingehender Diagnostik eine Behandlung für Ihre Gesundheit und Lebensqualität sehr wichtig!

Die **Symptome** von Schluckstörungen sind **sehr unterschiedlich**. Ebenso ist individuell verschieden, welche Lebensmittel gut geschluckt werden können und welche eine große Gefahr darstellen. Dies liegt an der unterschiedlichen Beschaffenheit von Lebensmitteln. So kann es beispielsweise sein, dass eine klare Suppe für Sie zu flüssig ist. Wenn Sie sich zusätzlich noch auf eine Suppeneinlage, wie Nudeln, Gemüse oder Kräuter, konzentrieren und sie kauen müssen, bevor sie geschluckt werden kann, ist das möglicherweise eine vorerst unüberwindliche Hürde.

Für eine andere Person mit Schluckstörung ist es hingegen vielleicht sehr problematisch, wenn Speisen zu trocken sind. So kann sich ein zu trockener Grießbrei anfühlen wie ein Sandsturm im Mund und sich an den Schleimhäuten von Wangen, Gaumen oder Rachen ankleben.

Das bedeutet, dass für manche Betroffenen eine breiige Konsistenz am besten geeignet ist, während andere Flüssigkeiten am besten schlucken können.

HINWEIS: Da sich die Schwierigkeiten und Gefahren je nach Ursache der Schluckstörung stark unterscheiden, sind immer individuelle Untersuchung und Therapie notwendig.

TIPP: Wählen Sie die für Sie passenden Rezepte in diesem Buch nach den in Ihrer Therapie gewonnenen Erkenntnissen und Empfehlungen aus. Ihre Therapeutin, Ihr Therapeut wird Ihnen dabei sicher gerne behilflich sein.

Folgen einer Schluckstörung

Mögliche medizinische Folgen einer Schluckstörung sind:

- zu geringe Flüssigkeitsaufnahme/Austrocknung;
- zu geringe oder sehr einseitige Nahrungsaufnahme/Mangelernährung;
- Lungenentzündungen;
- Erstickungsanfälle.

Aus diesem Grund ist es sehr wichtig, dass direkte und indirekte Anzeichen für eine Schluckstörung ernst genommen werden und dass bei Vorliegen solcher Hinweise eine medizinische Abklärung und Behandlung erfolgt. Diese wird in der Regel von Neurolog:innen, HNO-Ärzt:innen und in weiterer Folge von Logopäd:innen bzw. Schlucktherapeut:innen durchgeführt.

In diesem Buch wird in weiterer Folge der Begriff Schlucktheraupeut:in verwendet, da in Österreich, Deutschland und der Schweiz jeweils unterschiedliche Ausbildungen und Berufsbezeichnungen üblich sind.

Die folgende Tabelle listet Kontaktmöglichkeiten zu spezialisierten Schlucktherapeut:innen auf:

Land	Organisation	Kontaktmöglichkeit
Österreich	Berufsverband der österreichischen Logopädinnen und Logopäden	https://logopaedieaustria.at/logopaedin-suche
		www.logopaeden.at
Deutschland	Bundesverband für Logopädie e. V.	https://www.dbl-ev.de/service/logopaedensuche
	Deutscher Bundesverband der akademischen Sprachtherapeuten	http://www.dbs-ev.de/betroffene-und-angehoerige/therapeutenverzeichnis/
	Deutsche Gesellschaft für Sprachheilpädagogik e. V.	http://www.dgs-ev.de/
Schweiz	Deutschschweizer Logopädinnen- und Logopädenverband	www.logopaedie.ch/links-listen
		www.dysphagie.ch/deutsch/adressen-diagnostik-therapie/

Stand: Juli 2022; kein Anspruch auf Vollständigkeit.

Diagnostik von Schluckstörungen

Die Diagnose einer Schluckstörung erfolgt zu Beginn meist durch eine **klinische Untersuchung**, d. h. durch Befragung und Beobachtung der Betroffenen sowie durch spezielle Schlucktests und manuelle Methoden. Typische Fragen, die in einem ersten Gespräch Hinweise auf das Vorliegen einer Schluckstörung geben können, sind unter anderem:

- Benötigen Sie länger als bisher für Essen und Trinken?
- Kam es in den letzten Wochen oder Monaten zu einer unbeabsichtigten Gewichtsreduktion?
- Kommt es während des Trinkens und Essens zu vermehrtem Räuspern, Hustenanfällen oder Atemnot?
- Klingt die Stimme während und/oder nach dem Essen oder Trinken verändert, beispielsweise „feucht“ oder „gurgelnd“?
- Kommt es zu unklaren Fieberschüben, wiederkehrenden Infekten der Atemwege oder gar Lungenentzündungen?

Da durch Gespräche und klinische Methoden aber beispielsweise eine Aspiration nicht sicher erkannt werden kann, sind zusätzlich **Untersuchungen mit medizinischen Geräten** notwendig. Diese dienen dem Sichtbarmachen und der objektiven Beurteilung der Symptome einer Dysphagie.

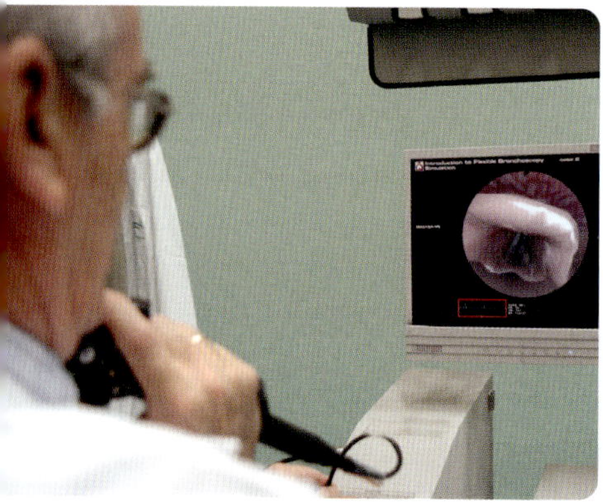

Die beiden wichtigsten instrumentellen Untersuchungen sind die Videoendoskopie des Schluckens (auch FEES® – Flexible Endoscopic Evaluation of Swallowing) und die Videofluoroskopie des Schluckens (auch VFSS – Videofluroscopic Swallowing Study oder „Schluckaktröntgen“). Bei beiden Methoden wird ein Video des Schluckvorgangs angefertigt – bei der FEES mittels eines dünnen Endoskops, welches durch die Nase eingeführt wird, bei der VFSS mittels eines Röntgengeräts. Die beiden Untersuchungen ergänzen einander in ihren Vor- und Nachteilen. Je nach Fragestellung wird die geeignete Methode ausgewählt.

Ziele der Untersuchung einer Schluckstörung sind:

- Feststellen der Bewegungsabläufe, Symptome und Kompensationsmöglichkeiten
- Einschätzen der Gefahren, die durch das Schlucken von Speichel, Getränken und Speisen entstehen
- Abschätzen der notwendigen Akutmaßnahmen, sodass Atmung und ausreichende Ernährung gesichert sind
- Finden geeigneter Konsistenzen für die Nahrungsaufnahme
- Festlegen passender Therapieoptionen.

Das Ausmaß von Schluckstörungen kann stark variieren. Manche Betroffene haben nur geringe Probleme, beispielsweise beim Essen gemischter Konsistenzen, wie Kompott oder klare Suppe mit Einlage. Diese Personen können fast alle Lebensmittel und Speisen zu sich nehmen. Andere wiederum haben eine so stark ausgeprägte Dysphagie, dass sogar das Schlucken des eigenen Speichels zu Problemen führt und gar keine Nahrungsaufnahme über den Mund möglich ist. Dazwischen gibt es unzählige Abstufungen. Aus diesem Grund ist eine individuelle Untersuchung und Behandlungsplanung durch geschulte Fachleute besonders wichtig.

Therapie der Schluckstörung

Die Therapie von Schluckstörungen erfolgt in einem interdisziplinären Team. Ärzt:innen, Schlucktherapeut:innen, ernährungsmedizinische Fachkräfte, Pflegepersonen, Ergo- und Physiotherapeut:innen sowie Psycholog:innen sind an der Behandlung beteiligt.

Beim Auftreten einer Schluckstörung ist nach der eingehenden Untersuchung zunächst eine **Akutversorgung** notwendig. Das bedeutet, dass im Fall einer sehr schweren Schluckstörung die Atmung und die Ernährung der Betroffenen gesichert werden müssen. Hierfür können eine Versorgung mit Trachealkanülen zur Sicherung der Atmung sowie Ernährungssonden erforderlich sein.

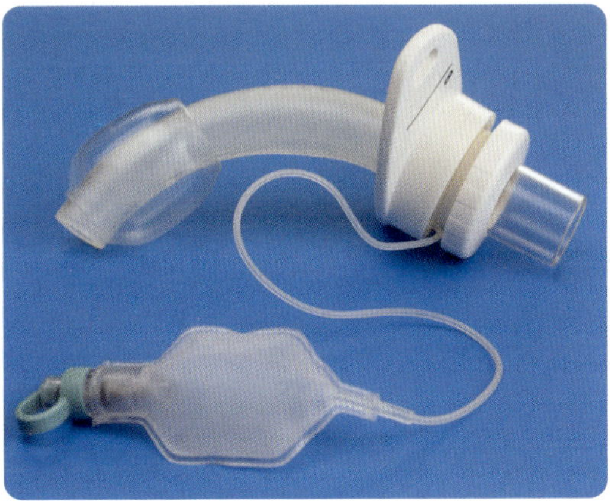

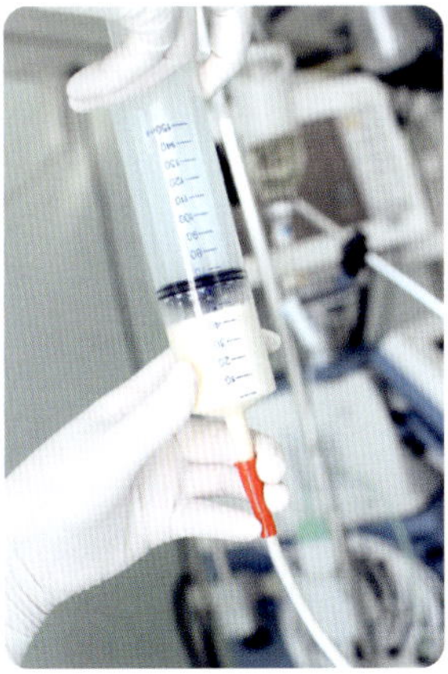

Ist die Akutbehandlung der Schluckstörung erfolgt, sollte eine weiterführende Therapie durch Schlucktherapeut:innen in Anspruch genommen werden.

Die Therapie umfasst in der Regel folgende Maßnahmen:

- Wiederherstellung der geschädigten Strukturen und eingeschränkten Funktionen, soweit möglich;
- Anpassung der Getränke- und Nahrungskonsistenzen, sodass eine möglichst sichere Ernährung erreicht wird;
- Auffinden geeigneter Hilfsmittel, welche die Nahrungsaufnahme für Betroffene erleichtern (siehe ab S. 24).

Therapiekonzepte

Zur Wiederherstellung der geschädigten Strukturen und eingeschränkten Funktionen gibt es verschiedene therapeutische Möglichkeiten. Die bekanntesten Therapiekonzepte sind in der folgenden Tabelle aufgelistet:

Therapiekonzepte

Bezeichnung	Kurzbeschreibung
Funktionelle Dysphagie-therapie	Kombiniert verschiedenste funktionsorientierte Übungen; bevorzugt jene, für die es einen wissenschaftlichen Wirksamkeitsnachweis gibt.
Propriozeptive Neuromuskuläre Fazilitation (PNF)	Funktionelle Behandlungsmethode; die Therapeutin, der Therapeut setzt in festgelegter Reihenfolge Reize, die die Muskelaktivität verbessern sollen (z. B. Druck, Dehnung, Vibration).
Facio-oral-Trakt-Therapie (F.O.T.T)	Ganzheitliches Behandlungskonzept zum Wiedererlernen beeinträchtigter Funktionen; die Übungen erfolgen hauptsächlich im Rahmen von Pflege und Alltagsaktivitäten.
Therapie nach Castillo Morales	Ganzheitliches, an der Funktionsweise des Nervensystems orientiertes Therapiekonzept; im Fokus stehen Hilfestellungen, welche die Betroffenen für Alltagstätigkeiten benötigen.

(kein Anspruch auf Vollständigkeit)

Neben den genannten Methoden gibt es zunehmend wissenschaftliche Hinweise für die Wirksamkeit neuerer Ansätze wie z. B. Exspiratory Muscle Strength Training (EMST), transkranielle Stimulationsverfahren (tDCS, rTMS), neuromuskuläre elektrische Stimulation (NMES), pharyngeale elektrische Stimulation (PES) sowie pharmakologische Therapieansätze.

HINWEIS: Ihr Schlucktherapeut, Ihre Schlucktherapeutin wird nach der Untersuchung geeignete Therapiemethoden auswählen und ein individuelles Übungsprogramm für Sie zusammenstellen.

Ziele der Schlucktherapie sind unter anderem verbesserte Beweglichkeit, gesteigerte Kraft oder die selbstständige Anwendung von Schlucktechniken, um beispielsweise die Alltagsziele „sichere Speichelkontrolle", „Ernährung mit pürierter Kost", „Trinken uneingedickter Getränke" oder „Essen und Trinken im Kreise der Familie" zu erreichen.

HINWEIS: Ihre Ziele sollten im Rahmen Ihrer Therapie individuell abgesteckt und besprochen werden.

Empfehlungen für ein angepasstes Essverhalten

Zusätzlich zu den Übungen ist es in der Regel erforderlich, dass Betroffene ihr Essverhalten im Alltag der Schluckstörung anpassen. Im Folgenden finden Sie allgemeine Empfehlungen, die die Gefahren durch Verschlucken und Aspiration beim Trinken und Essen minimieren können.

- Nehmen Sie sich zum Trinken und Essen Zeit.
- Achten Sie auf eine ruhige Umgebung. Schalten Sie Radio oder Fernseher aus.
- Nehmen Sie eine möglichst aufrechte Haltung ein.
- Essen Sie wenn möglich am Esstisch – vermeiden Sie es nach Möglichkeit, im Bett, auf der Couch oder an ähnlichen Orten zu essen!
- Ziehen Sie das Kinn beim Schlucken etwas zur Brust – achten Sie darauf, dass die Halswirbelsäule aufgerichtet ist.
- Sprechen Sie nicht während des Trinkens und Essens – achten Sie darauf, dass der Mund ganz leer ist, bevor Sie wieder sprechen.
- Nehmen Sie kleine Schlucke und Bissen.
- Räuspern Sie sich nach einigen Bissen/Schlucken und schlucken Sie noch einmal leer nach, d.h. ohne einen neuen Bissen/Schluck zu nehmen.

Chin-down

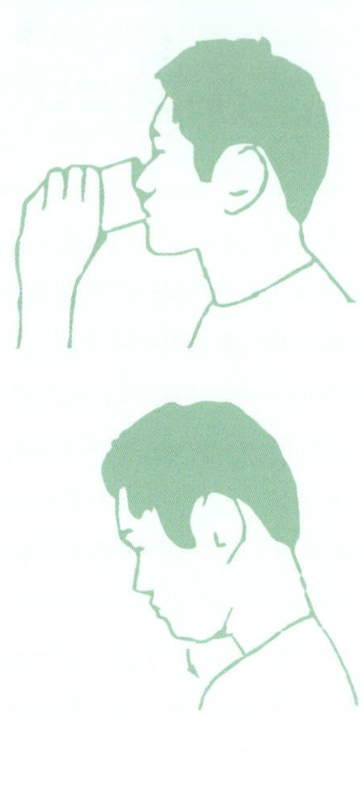

- Falls Sie feste Speisen essen dürfen, kauen Sie diese sehr gut, bevor Sie schlucken. Halten Sie den Kopf dabei möglichst ruhig und aufrecht.
- Mischen Sie Speisen und Getränke nicht im Mund. Schlucken Sie erst die festen Speisen, bevor Sie etwas trinken.
- Sollten Sie sich verschlucken, beugen Sie den Oberkörper nach vorne und husten Sie kräftig ab.
- Informieren Sie Ihre Angehörigen/Betreuungspersonen darüber, dass Ihnen beim Husten nicht auf den Rücken geklopft werden soll.
- Unterdrücken Sie niemals das Husten, wenn Sie einen Hustenreiz verspüren.
- Achten Sie auf eine regelmäßige und gründliche Mundpflege.
- Falls Sie Zahnprothesen tragen, sollten diese regelmäßig zahnärztlich überprüft werden.
- Bleiben Sie nach dem Essen noch einige Minuten aufrecht sitzen.

HINWEIS: Da Schluckstörungen sehr vielseitig sind, hat Ihnen Ihr Schlucktherapeut/Ihre Schlucktherapeutin eventuell andere Empfehlungen gegeben, die nicht mit den oben genannten Tipps übereinstimmen. Halten Sie sich in diesem Fall bitte an Ihre individuell besprochenen Verhaltensmaßnahmen beim Essen!

Über diese allgemeinen Tipps hinaus gibt es spezielle Schlucktechniken, die im Rahmen einer Therapie erlernt werden können. Sie führen dazu, dass die anatomischen Verhältnisse und die Bewegungsabläufe während des Schluckens verändert werden, sodass die Gefahr des Verschluckens und somit die Gefahr einer Lungenentzündung sinkt.

Eine Schlucktechnik, die bei sehr vielen Betroffenen das Risiko minimiert, dass Getränke- oder Speiseanteile in die unteren Atemwege gelangen, ist das „Chin-down/Chin-tuck"-Manöver (siehe Abbildung S. 21). Hierbei wird vor und während des Schluckens bewusst darauf geachtet, dass der Nacken aufgerichtet ist und das Kinn leicht zur Brust gezogen wird. Auch andere Haltungsänderungen, wie das Neigen des Kopfes oder das Drehen des Kopfes zur Seite, können den Schluckablauf gegebenenfalls positiv beeinflussen.

„Effortful Swallowing", also das kräftige Schlucken, soll dafür sorgen, dass weniger Reste im Rachen zurückbleiben.

Andere Techniken wie das sogenannte „supraglottische Schlucken" oder das „super-supraglottische Schlucken" zielen darauf ab, dass der Verschluss der Atemwege während des Schluckens verbessert wird. Eine Technik namens „Mendelsohn-Manöver" soll die Öffnung des Speiseröhren-Eingangs ermöglichen bzw. verstärken, sodass Speichel, Getränke und Speisen wieder hindurchgleiten können.

HINWEIS: Ob Schlucktechniken in Ihrem Fall hilfreich sind und wie Sie diese genau anwenden, klären Sie am besten im Rahmen Ihrer Therapie.

Ein weiterer Aspekt der Therapie von Schluckstörungen ist, festzulegen, welche Nahrung trotz verändertem Schluckablauf gegessen werden darf. Diese Aufgabe wird in der Regel ebenfalls von Schlucktherapeut:innen übernommen. Sie müssen dabei einschätzen, welche Konsistenzen die Betroffenen sicher zu sich nehmen können, also bei welcher Kost eine möglichst geringe Gefahr besteht, dass Getränke oder Speiseanteile in die unteren Atemwege gelangen – d. h. aspiriert werden – und eventuell zu einer Lungenentzündung führen können.

Möglichkeiten zur Anpassung der Konsistenz sind das Andicken von Getränken mittels eines Andickungsmittels aus der Apotheke (siehe S. 38) sowie die Änderung von Speisekonsistenzen unter anderem durch Weichkochen, Kleinschneiden, Pürieren oder Weglassen gewisser Lebensmittel.

Die Einstufung der geeigneten Lebensmittel erfolgt in der Regel durch Kostformstufen oder Phasen. Ein weltweites Forschungsprojekt – die *„International Dysphagia Diet Standardisation Initiative" (internationale Initiative zur Standardisierung von Schluckstörungskost, kurz IDDSI)* – hat einen wichtigen Schritt gesetzt, um eine Vereinheitlichung zu beginnen. Ziel der Initiative ist eine weltweit standardisierte Benennung und Beschreibung von modifizierter Kost und Getränken für Personen mit Dysphagie. Eine erste Version weltweit einheitlicher Empfehlungen wurde 2016 herausgegeben[2]. Seit 2019 gibt es diese auch für den deutschsprachigen Raum. Die einheitliche Einstufung erleichtert die Behandlung enorm.

2 The International Dysphagia Diet Standardisation Initiative 2016, vgl. http://iddsi.org/resources/framework/

Die Konsistenzdefinitionen sowie die Rezepteinstufungen in diesem Buch sind an die derzeitigen Vorgaben der IDDSI angelehnt und bringen sie mit den bisher üblichen Begriffen in Einklang.

HINWEIS: Wenn Sie im Rahmen Ihrer Therapie Empfehlungen für eine geeignete Ernährung erhalten haben, versuchen Sie diese bestmöglich mit den Erklärungen und Rezepten ab Seite 46 abzugleichen. Wählen Sie keine Rezepte aus, die über die erlaubten Konsistenzen hinausgehen! Überprüfen Sie bei jeder Speise, ob sie mit der vereinbarten Kostform übereinstimmt!

Zusätzlich zu den geeigneten Getränke- und Speisekonsistenzen werden in der Therapie von Schluckstörungen bei Bedarf Hilfsmittel eingesetzt, welche die Nahrungsaufnahme erleichtern. Häufig verwendete Trink- und Esshilfen sind:

Trinkhilfen

- **Nasenkerbenbecher**
  Ein Trinkbecher mit ausgeschnittener Nasenkerbe ist für fast alle Personen mit Schluckstörung hilfreich. Der Becher kann vollständig gekippt werden, da die Nase in der Aussparung Platz findet. Der Kopf kann dadurch beim Trinken aufrecht gehalten werden. Einen ähnlichen Effekt erzielen Sie mit einem Glas von sehr großem Durchmesser.

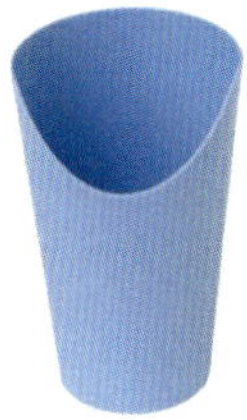

- **Dosierbecher**
  Spezielle Dosierbecher geben immer nur eine bestimmte Menge an Flüssigkeit pro Schluck frei. Somit soll das Risiko minimiert werden, aufgrund eines zu großen Schluckes Flüssigkeit zu aspirieren.
- **Schnabelbecher mit Strohhalm**
  Während Schnabelbecher ohne zusätzlichen Strohhalm für Personen mit Schluckstörung meist nicht geeignet sind, weil sie eine ungünstige Kopfposition fördern, können sie mit einem Strohhalm kombiniert hilfreich sein. Dabei wird der Strohhalm in die Schnabelöffnung gesteckt. So können Personen, die beispielsweise aufgrund starker Zittrigkeit Flüssigkeiten leicht verschütten, selbstständig trinken. Vorsicht ist allerdings geboten, wenn Flüssigkeiten im Mund nur schwer kontrolliert werden können!

Esshilfen

- **Griffverdickung für Besteck**
  Schaumstoffrohre, die auf einer Seite aufgeschnitten werden, können als einfache Griffverdickung für Besteck dienen. Zudem gibt es spezielles Besteck mit dickem Griff. Dies ist hilfreich bei Motorik- bzw. Sensibilitätsdefiziten in den Händen.
- **Gebogenes Besteck**
  Speziell vorgebogenes Besteck kann die Nahrungsaufnahme ebenfalls erleichtern, wenn die motorischen Fähigkeiten eingeschränkt sind. Je nachdem, mit welcher Hand gegessen wird, muss das Besteck in die richtige Richtung gebogen sein.
- **Schiebelöffel**
  Ist der Transport durch den Mund, beispielsweise aufgrund einer Zungenlähmung, eingeschränkt, kann mithilfe eines Schiebelöffels die Speise sehr weit hinten im Mund platziert werden.
- **Tellerranderhöhung/Teller mit hohem Rand**
  Wird z. B. bei einer halbseitigen Lähmung nur mit einer Hand gegessen, ist ein erhöhter Tellerrand bzw. eine Tellerranderhöhung, die nachträglich auf dem Teller montiert werden kann, womöglich hilfreich. Auf diese Weise wird das Aufnehmen der Speisen erleichtert, wenn nicht mit einem Messer in der zweiten Hand gearbeitet werden kann.
- **farbige Geschirrumrahmung**
  Geschirr mit einem deutlichen, farbigen Rand kann bei Sehstörungen die Nahrungsaufnahme erleichtern, weil besser wahrgenommen wird, wo ein Teller, eine Schüssel etc. endet.

HINWEIS: Die Hilfsmittel, die Ihnen die Nahrungsaufnahme erleichtern, sollten Sie im Rahmen Ihrer Therapie gemeinsam mit Ihrem Schlucktherapeuten, Ihrer Schlucktherapeutin testen und auswählen!

Hilfestellungen bei der Nahrungsaufnahme

Wann immer möglich, sollte die Nahrungsaufnahme selbstständig erfolgen. Dabei werden Informationen wie Geruch, Temperatur, Konsistenz oder Menge der Getränke und Speisen aufgenommen, die den darauffolgenden Schluckablauf bereits beeinflussen.

Wenn Hilfestellungen notwendig sind, sollten sie schrittweise erfolgen. So kann Ihnen beispielsweise jemand Nahrungsmittel vorab schneiden oder die Hand mit dem Becher oder dem Besteck führen.

Sollten Sie allerdings darauf angewiesen sein, dass Ihnen Getränke und Essen zum Mund gereicht werden, ist es hilfreich, wenn die helfende Person folgende Tipps kennt:

- Die Speisen und das Getränk sollten direkt vor Ihnen stehen und Sie sollten eine aufrechte Sitzhaltung einnehmen.
- Vor dem Essen sollte nochmals überprüft werden, ob die Speisen und das Getränk den vorgegebenen Konsistenzen entsprechen.
- Die Person, die hilft die Speisen und Getränke einzunehmen, sollte auf Augenhöhe mit Ihnen sein.
- Es sollten Ihnen kleine Schlucke und Bissen angeboten werden.
- Bevor der nächste Schluck getrunken oder der nächste Bissen gegessen wird, sollte Ihr Mund ganz leer sein.
- Das Tempo wird von Ihnen bestimmt. Die helfende Person sollte Ihnen Zeit geben, um in Ruhe und gegebenenfalls unter Anwendung der erlernten Schluckmanöver zu schlucken.
- Die helfende Person sollte nur Fragen stellen, wenn Sie bereits geschluckt haben.
- Da Plaudern ablenken könnte, sollten Gespräche außerhalb der Essenszeiten stattfinden.
- Klingt Ihre Stimme belegt, sollten Sie räuspern und noch einmal leer nachschlucken; die helfende Person kann Sie daran erinnern.
- Nach dem Essen gegebenenfalls Nahrungsreste aus dem Mund entfernen und eine Mundpflege durchführen.
- Bleiben Sie nach dem Essen noch einige Minuten aufrecht sitzen.

ERNÄHRUNGSTHERAPIE

Vorweg: Nehmen Sie Hilfe in Anspruch!

Wenden Sie sich bei ernährungsmedizinischen Fragen an spezialisierte Therapeut:innen.

In diesem Buch wird in weiterer Folge der Begriff „ernährungsmedizinische Fachkraft" verwendet, da in Österreich, Deutschland und der Schweiz jeweils unterschiedliche Ausbildungen und Berufsbezeichnungen üblich sind. In den meisten Kliniken und Reha-Zentren sind medizinische Ernährungsberater:innen verfügbar. Freiberufliche Expert:innen finden Sie unter folgenden Kontaktmöglichkeiten:

Land	Organisation	Kontaktmöglichkeit
Österreich	Verband der Diaetologen Österreichs	http://www.diaetologen.at/suche
Deutschland	Verband für Ernährung und Diätetik e.V.	https://www.vfed.de/de/fachkräfte-suche/fachkräfte-suche
Schweiz	Schweizerischer Verband der Ernährungsberater/innen SVDE	http://www.svde-asdd.ch/beraterinnen-suche/

Stand: Juli 2022; kein Anspruch auf Vollständigkeit.

Durch individuelle Konsistenzanpassung an das Erkrankungsbild kann, wie im vorangegangenen Kapitel erwähnt, das Aspirationsrisiko gesenkt werden. Passierte Kost, weiche, kleingeschnittene Speisen und auch Andickungsmittel für Flüssigkeiten bzw. Getränke können hierfür eingesetzt werden.

Sie haben im Krankenhaus, in der Rehabilitationsklinik oder einer Pflegeeinrichtung bestimmt schon Eindrücke sammeln können, was dies im Detail bedeuten kann. Doch wie ist die Umsetzung zu Hause möglich?

Welche Konsistenzen üblicherweise unterschieden werden und worauf Sie bei der Zubereitung achten sollten, wollen wir Ihnen daher in den folgenden Kapiteln näherbringen. Unsere Rezeptauswahl soll Sie bei der Umsetzung unterstützen. Einfache Rezepte bieten ungeübten Köch:innen und Neueinsteiger:innen im Bereich der konsistenzangepassten Kost eine Orientierung an möglichen Techniken und können auch bei Zeitnot schnell zubereitet werden. Nationale, internationale und saisonale Gerichte lassen vielleicht auch das Herz von geübten Hobbyköch:innen höher schlagen und beflügeln zu eigenen Kreationen.

Konsistenzangepasste Kost

Wie im Kapitel „Therapie der Schluckstörung“ (siehe S. 19) bereits erwähnt, gab es bis vor kurzem weder national noch international einheitliche Empfehlungen. Oftmals wurde bei Speisen von „breiig“ und „weich“ sowie bei Getränken von „sirup-“, „honig-“ und „puddingartig“ gesprochen, ohne jedoch genau zu definieren, was konkret damit gemeint ist. Denn was bedeutet „honigartig“ eigentlich? Blütenhonig ist deutlich flüssiger als Cremehonig, kalter Honig fester als warmer. Folglich unterlag die Konsistenzanpassung dem persönlichen Verständnis und der Interpretation dieser Begriffe von Betroffenen, Angehörigen, Pflegenden und Therapeut:innen. Das Risiko einer Aspiration und oft auch die persönliche Unsicherheit waren erhöht.

Die International Dysphagia Diet Standardisation Initiative (IDDSI) hat daher erstmals Empfehlungen für Konsistenzstufen von Speisen und Getränken für Schluckstörungspatient:innen herausgegeben – mit dem Ziel, dass diese weltweit einheitlich umgesetzt werden. Auf diese Weise wurden unterschiedlich verstandene Empfehlungen auf der Basis aktueller wissenschaftlicher Erkenntnisse vereinheitlicht und klar dargestellt. So ist es beispielsweise auch bei wechselnder medizinischer Versorgung oder Betreuungseinrichtung möglich, die empfohlene Kost schnell zu erkennen und entsprechend anzubieten. Für die IDDSI-Leitlinien wurden acht Konsistenzstufen entwickelt (siehe Anlehnung an die IDDSI-Pyramide, S. 45).

Im Folgenden stellen wir Ihnen die IDDSI-Empfehlungen für Flüssigkeiten bzw. Getränke sowie Speisen näher vor. Basierend auf unseren Erfahrungen bringen wir sie mit den bisher üblichen Begriffen in Einklang:

Trinken

Bisher empfohlene Konsistenzformen	Annähernd vergleichbar mit IDDSI-Stufe
flüssig	Stufe 0 = dünnflüssig
	Stufe 1 = leicht dickflüssig
sirup-/nektarartig	Stufe 2 = mäßig dickflüssig
honigartig	Stufe 3 = stark dickflüssig
puddingartig	Stufe 4 = extrem dickflüssig

Essen

Bisher empfohlene Konsistenzformen	Annähernd vergleichbar mit IDDSI-Stufe
flüssig-breiig	Stufe 3 = stark dickflüssig
dickbreiige, homogene, pürierte Konsistenz	Stufe 4 = breiig/püriert
	Stufe 5 = zerkleinert & durchfeuchtet
weiche, saftige Kost; kleingeschnitten	Stufe 6 = weich & mundgerecht
Normalkost	Stufe 7 = leicht zu kauen Normalkost

TIPP: Suchen Sie Ihre Konsistenzstufe (die Ihnen Ihre Therapeutin, Ihr Therapeut empfohlen hat) in der oben angeführten Tabelle. Im Rezeptteil dieses Buches finden Sie anschließend köstliche Ideen entsprechend Ihren individuellen Empfehlungen.

HINWEIS: Beachten Sie, dass die allgemein zu erwartende Eignung eines Lebensmittels jedoch von vielen Faktoren abhängig ist. Wird z.B. ein Eintopf bei hoher Hitze ohne Deckel zubereitet, so wird er dicker werden, als wenn er genauso lange zugedeckt auf kleiner Flamme gekocht wird. Trotz gleicher Speise ist die Konsistenz somit eine andere. Des Weiteren können die individuellen Vorgaben Ihres Therapeuten, Ihrer Therapeutin aus vielerlei Gründen von den nun folgenden allgemeinen Empfehlungen abweichen. **Konsistenzempfehlungen, die auf Sie persönlich abgestimmt wurden, sind im Sinne Ihrer eigenen Gesundheit immer vorrangig zu beachten!** Im folgenden Kapitel finden Sie hilfreiche Praxistipps.

Umsetzung der Empfehlungen in die Praxis

Sie kennen das bestimmt: Alle kochen nach dem gleichen Rezept und dennoch ist das Ergebnis bei allen verschieden – sei es nun die Optik, die Konsistenz, der Geschmack oder alles zusammen. Die Eigenschaften unserer Lebensmittel – ob sie also flüssig, weich, cremig, hart, breiig etc. sind – hängen nämlich von vielen Faktoren gleichzeitig ab und sind bei Schluckstörungen besonders wichtig.

Zu diesen Faktoren zählen

Einflussfaktoren	Begründung
Wassergehalt	Als Grundlage dafür, ob Speisen/Getränke eher flüssig oder fest sind.
Neigung eines Lebensmittels, Wasser abzugeben oder aufzunehmen	Unverpacktes Brot trocknet aus und wird hart; offen gelagerte Kekse nehmen Luftfeuchtigkeit auf und werden weich.
Art der Belastung	Wird gerührt, püriert, gestampft ...? Ein gemixtes Kartoffelpüree wird oft zäh und klebrig, während ein gestampftes meist locker und luftig wird.
Dauer und Stärke der Belastung	Wie lange, wie stark und wie schnell wird das Lebensmittel bearbeitet? Je länger püriert wird und je höher die Umdrehungszahl der Messer ist, desto feiner wird es.
Konzentration der einzelnen Zutaten und ihrer Inhaltsstoffe	Wie viel Binde-/Andickungsmittel wird verwendet? Mit wie viel Speichel wird die Nahrung im Mund vermengt (Mundtrockenheit im Gegensatz zu erhöhtem Speichelfluss)?
Temperatur	Bei wie viel °C wird die Speise zubereitet, gelagert und gegessen? Eis wird bei über 0 °C wieder flüssig; bei hohen Temperaturen bilden sich Krusten; frisch gekochter Pudding ist cremig, bildet beim Auskühlen jedoch eine feste Haut und stockt.
pH-Wert	Wie sauer ist das Lebensmittel? Andickungsmittel können je nach pH-Wert unterschiedlich stark andicken.
Art und Konzentration von Mineralstoffen, insbesondere von Kalzium	Kalziumreiches Trinkwasser, aber auch Milch/Milchgetränke benötigen meist mehr Andickungsmittel im Vergleich zu kalziumarmen Flüssigkeiten, um die gleiche Andickung zu erreichen.
Abbauvorgänge durch Mikroorganismen bzw. Enzyme	So können die Enzyme im Speichel die Stärke in Lebensmitteln teilweise abbauen; die bindende Wirkung kann dadurch vermindert werden.

Ist die Konsistenz eines angedickten Getränks oder einer zubereiteten Speise einmal anders als erwartet, so kann einer der soeben genannten Punkte der Grund dafür sein.

Aufgrund der vielfältigen Einflussfaktoren sollten alle Getränke und Speisen – auch die Rezepte in diesem Buch – direkt vor dem Verzehr auf ihre Eignung gemäß der Ihnen empfohlenen Konsistenzstufe geprüft werden.

Küchenhelfer und Zubereitungshinweise: So geht alles gleich viel leichter …

Folgende Küchengeräte und Tricks können Ihnen die Zubereitung von konsistenzdefinierten Speisen wesentlich erleichtern:

Feines Sieb	Wenn Sie die Masse durch ein feines Sieb streichen, so bleiben Fasern und feste Stücke im Sieb zurück.
Pürierstab	Pürieren ist die einfachste Art, um weichen, saftigen Speisen eine cremige, homogene Konsistenz zu verleihen. Sind danach Stücke in der Masse zu erkennen, die nicht der Ihnen empfohlenen Konsistenz entsprechen, so müssen Sie die Speise zusätzlich durch ein feines Sieb streichen. Ist die Masse zum Pürieren zu trocken, geben Sie schrittweise Flüssigkeit hinzu. Stärkereiche Speisen wie z. B. Getreidebreie und Kartoffeln werden durch Pürieren oft zäh und klebrig – streichen Sie solche Speisen wenn möglich nur durch ein feines Sieb! Zudem kann Mehl durch langes Pürieren seine bindende Eigenschaft verlieren. Stoppen Sie das Pürieren daher ehestmöglich.
Flotte Lotte	Durch die verschiedenen Passieraufsätze können Sie unterschiedlich feine Pürees herstellen. Gelangen Stücke ins Passiergut, die für Ihre persönlich empfohlene Konsistenz nicht geeignet sind, so muss zusätzlich püriert bzw. fein passiert werden.
Smoothie-Maker	Smoothie-Maker können aufgrund ihres starken Motors und der Messerführung auch feste Bestandteile wie Pflanzenfasern und -schalen fein pürieren.
Kutter	Für die Zubereitung einer Farce unverzichtbar! Kreieren Sie damit feinste Fleisch- und Fischgerichte. Da sich der Motor beim Betrieb erwärmt, sind Geräte, bei denen sich der Motor neben oder über dem Mixbehälter befindet, besonders zu empfehlen. Die Temperatur der Speise bleibt dadurch auch ohne die Zugabe von Eis konstant und das Eiweiß gerinnt nicht.
Fleischwolf	Weiche, grobe Massen sowie Fleisch und Fleischzubereitungen können Sie damit für die weitere Verarbeitung optimal vorbereiten. Bei Fleisch ist doppeltes bzw. dreifaches Faschieren/Wolfen besonders zu empfehlen, da die Stücke auf diese Weise wesentlich kleiner werden und daher ab IDDSI-Stufe 5 besser geeignet sind.

Des Weiteren sind hilfreich:

- ein Schneebesen für einfacheres Einrühren/Vermischen von Zutaten;
- ein Dämpfeinsatz für die vitaminschonende Zubereitung;
- ein verschließbares Tee- bzw. Gewürzei oder Einweg-Säckchen, um grobe und feste Gewürze (z. B. Rosmarinnadeln, Gewürznelken) mitzukochen und leicht wieder entfernen zu können;
- hitzebeständige Förmchen für die Zubereitung von Soufflés;
- ein Druckkochtopf für die schnelle Küche, aber auch, um Fleisch rasch sehr weich zu kochen;
- ein Gemüsehobel oder eine Küchenmaschine mit einem Aufsatz zum Schneiden von Stiften, Sticks, Würfeln etc.;
- eine iSi®-Flasche für die Zubereitung von süßem und pikantem Schaum inkl. Kapseln für die Zubereitung von Sahne.

TIPP: Im Internet finden sich unter dem spanischen Begriff „Espuma“ viele Rezeptideen.

Besonders empfehlenswert sind Pürierstab-Sets bzw. Küchenmaschinen, die mehrere Funktionen vereinen. Zu diesen zählen beispielsweise folgende Geräte:

- Bosch MS6CM6155 Stabmixer ErgoMixx Style
  - Pürieren (4-Klingen-Messer)
  - Kuttern
  - Aufschlagen (Schneebesen)
  - Püreestampfer-Aufsatz
  - Mixbecher
- Kenwood HDP 408WH Stabmixer Set („Triblade“)
  - Pürieren (3 Messer)
  - Soup-XL-Mixstab
  - Kuttern
  - Aufschlagen (Schneebesen)
  - Püreestampfer-Aufsatz aus Edelstahl – grob und fein
  - Mixbecher

- Philips HR2543/00 Tauchmixer
  - Stabmixer
  - Schneebesen
  - Kuttern
- Bosch MCM3501M Kompakt-Küchenmaschine („MultiTalent 3“)
  - Standmixer
  - Mischen/Kuttern (Hinweis: der Motor befindet sich unter dem Behälter – evtl. muss für die Zubereitung einer Farce Eis zugegeben werden!)
  - Zerkleinerer (Eis, Mahlfunktion)
  - 2 Gemüsereibe-/Schneideblätter
  - Aufschlagen von Obers (Sahne) und Ei

Für die Zubereitung der meisten unserer Rezepte sind folgende Küchengeräte hilfreich:

- ein feines Sieb zum Passieren[3]
- ein Pürierstab
- ein Schneebesen
- ein Kutter für die Herstellung von Fleisch- und Fischgerichten ab IDDSI-Stufe 4
- hitzebeständige Förmchen für die Zubereitung von Flans gemäß IDDSI-Stufe 5

Im Anhang finden Sie unser kleines Küchenlexikon. Darin sind typisch österreichische Begriffe, aber auch Zubereitungstechniken kurz erklärt (siehe S. 166).

HINWEIS: Reicht die Zeit für die Zubereitung frischer Speisen einmal nicht aus, so kann man auch auf vorgefertigte Gerichte zurückgreifen. Konsistenzangepasste Kost ist in vielen Städten und Gemeinden von sozialen Einrichtungen – meist in tiefgekühlter Form – erhältlich. Ihre Therapeut:innen bzw. Sozialarbeiter:innen unterstützen Sie bestimmt gerne dabei, auch für Sie einen geeigneten Anbieter zu finden. Beachten Sie die jeweilige Produktbeschreibung genau und testen Sie immer, ob die Konsistenz der Speisen Ihren Bedürfnissen entspricht.

3 passieren = Herstellen von Flüssigkeiten und Massen ohne feste Bestandteile, indem die Masse durch ein feines Sieb gestrichen wird. Spitz- bzw. Haarsiebe eignen sich hierfür besonders gut.

Verfeinerungstipps: So schmeckt alles gleich noch besser …

Kräuter und Gewürze

Egal ob frisch, tiefgekühlt oder getrocknet – Kräuter und Gewürze sind für die Zubereitung abwechslungsreicher Gerichte unverzichtbar. In getrockneter Form empfiehlt sich besonders die Zubereitung mithilfe eines Gewürzsäckchens. Sie vermeiden dadurch, dass nach dem Passieren bzw. Pürieren noch grobe Gewürzteile im Gericht verbleiben. Auch Granulat verringert dieses Risiko und vereinfacht somit die Zubereitung.

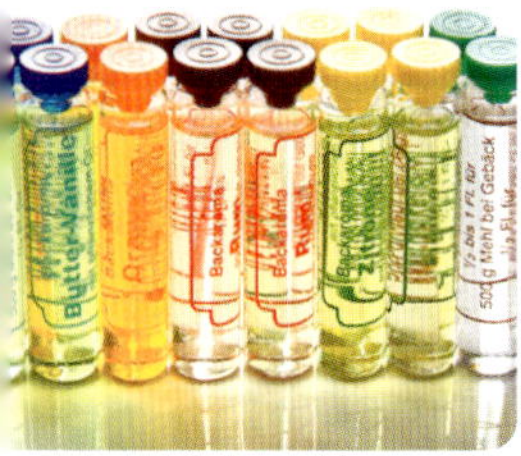

Lebensmittelaromen

Zu den bekanntesten Aromen aus dem Supermarkt zählen wohl Vanille, Rum, Zitrone und Orange. Diese kommen vor allem bei Süßspeisen zum Einsatz. Aber auch Raucharoma kann vor allem bei Fleisch- und Fischgerichten für mehr Abwechslung sorgen. Schon wenige Tropfen zeigen große Wirkung!

Kräuter- und Gewürzöle

Es gibt sie in zahlreichen Geschmacksvariationen (z. B. mit Rosmarin, Basilikum, Knoblauch), und sie können auch leicht nach den eigenen Vorlieben selbst angesetzt werden (siehe Rezeptteil Dies & Das, S. 43). Achten Sie jedoch darauf, dass keine festen Bestandteile mit in die Speisen gelangen!

Ätherische Öle für die Küche

Ätherische Öle sind hochkonzentriert. Bereits ein Tropfen besitzt das Aroma eines ganzen Gewürzstrauches. Dosieren Sie ätherisches Öl daher äußerst sparsam (siehe www.feeling.at – Nahrungsergänzung – Aromaküche Öle) und achten Sie darauf, ob das Öl auch für den Verzehr bestimmt ist.

Bei Epilepsie wenden Sie ätherische Öle bitte nur nach Rücksprache mit Ihrer Ärztin, Ihrem Arzt an!

Zesten (Abrieb) von unbehandelten Zitrusfrüchten

Mit Zesten (Abrieb) verleihen Sie nicht nur Süßspeisen, sondern auch Fleischgerichten ein unvergleichliches Aroma. Achten Sie darauf, ausschließlich die äußersten Schalenteile abzuschaben. Dadurch vermeiden Sie, dass die Bitterstoffe der weißen Schalenanteile den Geschmack Ihrer Speisen ungünstig beeinflussen. Waschen Sie auch unbehandelte Zitrusfrüchte vorher immer gründlich mit warmem Wasser!

TIPP: Füllen Sie die Zesten in ein Tee-Ei oder in einen leeren Teebeutel. Damit können Sie sie leicht wieder entfernen.

Typische asiatische Gewürze

Kaffir-Limettenblätter, Zitronengras und Ingwer bringen einen erfrischenden Geschmack in Ihre Gerichte. Ingwer wirkt zudem ausgleichend auf den Magen-Darm-Trakt sowie gegen Übelkeit. Er sollte wegen seiner Schärfe jedoch nur in geringen Mengen zum Einsatz kommen.

Limettenblätter und Zitronengras kochen Sie einfach im Ganzen bzw. in großen Stücken mit und nehmen diese vor dem Pürieren bzw. Passieren wieder aus der Speise heraus.

Durch vorheriges Quetschen bzw. Anritzen wird beim Kochen besonders viel Aroma freigesetzt.

Tee

Kochen mit Tee liegt im Trend. Prinzipiell kann jede Flüssigkeit – also auch Suppe, Milch, Saft und Marinade – durch Kochen mit Tee zu einem neuen Geschmackserlebnis werden! Ganz einfach erhält dadurch z.B. Ihr Schokopudding ein feines Pfefferminzaroma.

Kochen Sie den Tee zuerst in der Flüssigkeit und nehmen sie den Beutel bzw. das Tee-Ei vor der weiteren Zubereitung wieder aus der Flüssigkeit heraus. Loser Tee muss abgeseiht werden.

Anrösten der Zutaten

Röstaromen schmecken nicht nur gut, sondern fördern auch den Appetit! Nutzen Sie diesen Effekt und rösten Sie die Zutaten, wann immer passend, vor der weiteren Zubereitung an. Achten Sie jedoch darauf, dass sie dabei nicht verbrennen bzw. dass das Fett nicht zu heiß wird!

Kochwasser

Werden Lebensmittel in Wasser gekocht, so gehen neben dem Geschmack auch Vitamine und Mineralstoffe ins Kochwasser über. Nutzen Sie dieses daher nach Möglichkeit für die weitere Zubereitung der Speisen. Das Kochwasser von Hülsenfrüchten sollten Sie jedoch verwerfen, da hierbei auch ungünstige Inhaltsstoffe in das Kochwasser ausgeschwemmt werden.

Das Würzen des Kochwassers kann vor der Zubereitung den Geschmack der Speisen ebenso deutlich verbessern.

Tipps zur Konsistenzanpassung: So wird es, wie es sein soll ...

Nicht immer gelingt die gewünschte Konsistenz auf Anhieb. Wird eine Speise/Flüssigkeit im Zuge der Testung als „zu dünnflüssig" eingestuft, können Sie mit folgenden Bindemitteln eine festere Konsistenz erreichen:

- Suppen, Saucen, Breie ohne Deckel einkochen lassen – sofern eine ausreichende Menge vorhanden ist!
- Einrühren von Kartoffelflocken (Fertig-Kartoffelpüree) in heiße Suppen, Saucen und pikante Breie – gut quellen lassen und durchrühren!
- Einrühren einer glatten Einmach (Butter-Mehl-Gemisch) in Suppen, Saucen und Breie – mindestens 5 Min. leicht kochen lassen. Achten Sie darauf, dass sich keine Klümpchen bilden!

TIPP: Das glatte Mehl mit der erwärmten, flüssigen Butter glatt verrühren. Nur nach und nach mit der kalten Flüssigkeit aufgießen und dabei ständig rühren, bis sich das Butter-Mehl-Gemisch vollständig gelöst hat. Dadurch können Sie unliebsame Klümpchen vermeiden! (siehe Basisrezept S. 44)

- Einrühren von in kalter Milch aufgelöstem (Vanille-)Puddingpulver in süße Saucen und Breie – mindestens 5 Min. leicht kochen lassen und dabei ständig rühren.
- Einrühren von in kaltem Wasser gelöster Mais- oder Kartoffelstärke in Suppen, Saucen und Breie – mindestens 5 Min. leicht kochen lassen und dabei ständig rühren. Stärke ist geschmacksneutral und somit eine gute Alternative zu Mehl.
- Legieren von Suppen, Saucen und Breien mit glatt gerührtem Eidotter (evtl. mit einem Schuss Obers/Sahne vermengt) – nehmen Sie den heißen Topf von der Flamme, die Speise darf nach dem Einrühren nicht mehr aufgekocht werden (der Dotter flockt sonst aus). Durch das Legieren werden reine Gemüsezubereitungen mit hochwertigem Eiweiß angereichert.
- Seitan- und Lupinenmehl – die pflanzliche Bindemittel-Alternative zu Ei mit hohem Eiweißgehalt. 8–10 g entsprechen in etwa der bindenden Wirkung von einem Hühnerei. Die Anwendung richtet sich nach der zubereiteten Speise (siehe Herstellerhinweise auf der Verpackung). Quellen lassen bzw. Durcherhitzen ist jedenfalls notwendig!
- Einrühren von gelöster Gelatine und Agar Agar (pflanzliche Alternative) in heiße und kalte Flüssigkeiten und Speisen, die anschließend kalt verzehrt werden – sie sind farb-, geruchs- und geschmacksneutral und daher für süße und pikante Speisen gleichermaßen geeignet. Die Zubereitung erfolgt nach Anleitung des jeweiligen Produktes. Die Konsistenz der damit zubereiteten Speisen sollte cremig sein!
- Einrühren von Andickungsmittel aus der Apotheke – die schnellste Art der Optimierung, ohne den Geschmack Ihrer Speisen zu beeinflussen. Bedenken Sie dabei, dass Andickungsmittel meist innerhalb der ersten 10 Minuten nachdicken!

Verwenden Sie am besten einen Schneebesen und rühren Sie häufig bzw. ständig um. Sollten sich dennoch Klümpchen gebildet haben, dann streichen Sie die Speise am besten durch ein Sieb. Wird nicht direkt nach der Zubereitung gegessen, so denken Sie daran, dass die meisten Bindemittel mit der Zeit nachdicken. Mit ein wenig Übung haben Sie den Dreh jedoch bestimmt schnell heraus!

Ist die Speise zu dickflüssig geworden, so strecken Sie sie unter langsamer Zugabe und ständigem Rühren mit einer passenden Flüssigkeit (klare Suppe, Milch, Obers/Sahne ...). Achten Sie darauf, dass auch die zugefügte Flüssigkeit voll gebunden wird und sich nicht absetzt.

Klebrige Speisen können mithilfe von fettreichen Lebensmitteln, z. B. Gervais, Sahne, Öl oder Butter verbessert werden. Oft hilft es aber auch schon, das Pürieren so kurz wie möglich zu halten bzw. die Masse stattdessen nach Möglichkeit durch ein Sieb zu passieren.

Die meisten Speisen bilden beim Abkühlen eine Haut an der Oberfläche. Decken Sie die Speisen daher immer ab (Deckel, Folie ...). Achten Sie darauf, dass beim Entfernen der Abdeckung kein Kondenswasser auf die Speise tropft. Entfernen Sie dieses notfalls vorsichtig mithilfe einer Küchenrolle.

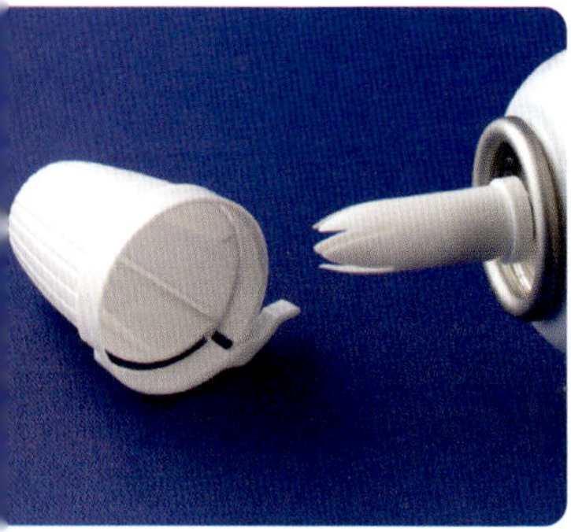

Schaum wie z. B. Schlagobers (Sahne) und Mousse au Chocolat werden bei warmen Temperaturen oder nach langem Stehen oft wieder weich bis flüssig. Durch die Zugabe von SPUMA instant der Marke seneoPRO® wird Schaum gebunden und stabilisiert. Klären Sie mit Ihrer Therapeutin, Ihrem Therapeuten ab, ob dies bei Ihnen persönlich zu empfehlen bzw. notwendig ist. Das Produkt können Sie in Apotheken oder direkt beim Hersteller BIOZOON GmbH, www.biozoon.de, bestellen.

HINWEIS: Die Testung der Konsistenz sollte immer direkt vor dem Verzehr erfolgen.

Andickungsmittel

Andickungsmittel ermöglichen es, Flüssigkeiten unterschiedlich stark anzudicken. Hierbei werden von den Herstellern und Therapeut:innen aktuell die Konsistenzen „sirup-/-nektarartig“, „honigartig“ und „puddingartig“ oder nach IDDSI 1 bis 4 (Stufe 1 „leicht dickflüssig“ bis Stufe 4 „extrem dickflüssig“) unterschieden (siehe das Kapitel „Konsistenzangepasste Kost“). Durch die langsamere Fließgeschwindigkeit kann die angedickte Flüssigkeit bei eingeschränkter Kontrolle im Mund und verzögertem Schluckreflex somit besser kontrolliert werden.

Bei Schluckstörungen ist das Andicken von Flüssigkeiten häufig notwendig. Hierfür können entsprechende Dickungsmittel verwendet werden (siehe Auflistung S. 40). Diese sind entweder in jeder Apotheke (eventuell auf Bestellung) oder beim Hersteller direkt erhältlich. Teilweise werden die Kosten für die Andickungsmittel von den Krankenkassen übernommen.

Anwendung

- vorgeschriebene Pulvermenge in ein Gefäß geben;
- mit der nötigen warmen oder kalten Flüssigkeit aufgießen (laut Empfehlung);
- mit einem Löffel, einer Gabel oder einem Schneebesen vollständig auflösen;
- Wartezeit einhalten: 1–10 Min. bis zur vollständigen Viskositätserhöhung (je nach Hersteller unterschiedlich; Packungsangabe beachten).

TIPP: Häufig lösen sich die Pulver mit einem handelsüblichen Shaker/Schüttelbecher am besten in den Flüssigkeiten auf – vor allem, wenn es sich um milchige Getränke und Trinknahrung handelt.

Die Konsistenz der Flüssigkeit muss zuvor jeweils individuell mit der betreuenden Therapeutin, dem betreuenden Therapeuten angepasst werden.

HINWEIS: Hersteller verwenden zumeist die gleichen Bezeichnungen für die Konsistenzstufen. Selbst bei gleicher Konsistenzbezeichnung fällt die tatsächliche Andickung jedoch oftmals unterschiedlich stark aus. Besprechen Sie daher die passende Konsistenz mit der Therapeutin, dem Therapeuten, und lassen Sie sich den Andickungsprozess zumindest einmal zeigen.

Was bedeutet „amylaseresistent“?

Auf der Verpackung zahlreicher Andickungsmittel ist das Wort „*amylaseresistent*“ zu finden. Dies bedeutet, dass das Enzym Amylase (das u. a. im menschlichen Speichel enthalten ist) das Andickungsmittel nicht sofort aufspalten kann. Somit droht keine unbeabsichtigte Verflüssigung der angedickten Speisen oder Getränke bei Speichelkontakt, was zu unterschiedlichen Konsistenzen in der Mundhöhle führen würde. Die Andickungsmittel der älteren Generation haben diese Eigenschaft noch nicht. Aus diesem Grund sollten Sie darauf achten, ein *amylaseresistentes* Andickungsmittel zu verwenden.

Eine Auflistung von Anbietern auf dem österreichischen Markt ist in folgender Tabelle ersichtlich (lt. Herstellerinformation)

Produkt	Bezeichnung der Andickungsstufen	Dosierung pro 200 ml Wasser	1 gestrichener EL* bzw. 1 ML** entspricht
Resource® ThickenUp™ Fa. *Nestlé* Österreich	IDDSI-Stufe 1 – leicht dickflüssig IDDSI-Stufe 2 – mäßig dickflüssig IDDSI-Stufe 3 – stark dickflüssig IDDSI-Stufe 4 – extrem dickflüssig	1,5 EL 2 EL 2,5 EL 3 EL	4,5 g
Resource® ThickenUp™ Clear Fa. *Nestlé* Österreich Amylaseresistent	IDDSI-Stufe 1 – leicht dickflüssig IDDSI-Stufe 2 – mäßig dickflüssig IDDSI-Stufe 3 – stark dickflüssig IDDSI-Stufe 4 – extrem dickflüssig	1 ML 2 ML 4 ML 6 ML	1,2 g
Nutilis Powder Fa. *Nutricia* Amylaseresistent	Sirup Honig Pudding	2–3 ML 3–4 ML 4–5 ML	4 g
Nutilis Clear Fa. *Nutricia* Amylaseresistent	sirupartig honigartig puddingartig	1 ML 3 ML 4 ML	3 g
Thick & Easy™ Fa. *Hormel* (Vertrieb: Fa. *Fresenius Kabi)*	sirupartig honigartig puddingartig	2 EL 3 EL 4 EL	4,5 g
Fresubin® Clear Thickener Fa. *Fresenius Kabi* Amylaseresistent	nektarartig honigartig puddingartig	2 ML 6 ML 12 ML	1,75 g
Multi-Thick® Fa. *Abbott*	keine Konsistenz-einteilung	nach Bedarf	2,7 g
SeneoPro® VISCO clear Fa. *Biozoon Food Innovations* Amylaseresistent	sirupartig honigartig puddingartig	2 ML 4 ML 6 ML	1 g

Stand 2022, kein Anspruch auf Vollständigkeit, bitte jeweilige Dosierung stets auf der Verpackung überprüfen; * EL = Esslöffel, ** ML = Messlöffel

Vor der Einführung von IDDSI erfolgte die Andickung gemäß Herstellerangaben in 3 Stufen:

nektar- bzw. sirupartig	**honigartig**	**puddingartig**
= leicht flüssig vom Löffel fließend, vergleichbar mit: Marillennektar, Buttermilch	= langsam vom Löffel fließend, vergleichbar mit: Vanillesauce, cremigem Joghurt	= leicht fest, nicht selbstständig vom Löffel fließend, vergleichbar mit: Pudding, löffelfest

Hilfreiche Tipps

- Eingedickte Flüssigkeiten können zu 100 % zur gesamten Trinkmenge dazugerechnet werden – immerhin werden sie im Magen auch wieder dünnflüssig.
- Nach dem Andicken kann es zu einem „Nachdicken“ kommen.
- Je wärmer das Lebensmittel ist, umso schneller wird die maximale Andickung erreicht.
- Sollten Lebensmittel über eine längere Zeit „stehen gelassen“ oder erneut erhitzt werden, kann sich der Andickungsgrad verändern.
- Rühren Sie angedickte Getränke nach längerem Stehen vor dem Verzehr gut um und dicken Sie sie nicht erneut ein (Klumpenbildung!) – bereiten Sie daher stets nur die benötigte Menge eines Getränkes frisch zu.
- Für Milchprodukte oder milchige Getränke wird in der Regel mehr Andickungsmittel benötigt.
- Sollten Flüssigkeiten einen hohen Anteil an Pektin (Ballaststoff, beispielsweise in Äpfeln oder Karotten) aufweisen, dicken sie stärker nach.
- Frucht- bzw. Gemüsesäfte dürfen kein Fruchtfleisch enthalten.

- Die meisten Andickungsmittel weisen einen leichten Eigengeschmack auf – daher wird pur eingedicktes Wasser häufig schlecht akzeptiert; stattdessen können Getränke mit diversen Geschmäckern verfeinert werden, z. B. (zuckerfreier) Fruchtsirup, Tee, Zitronensaft, Frucht- und Gemüsesäfte, (zuckerfreie) kohlensäurefreie Limonaden wie Eistee.
- Getränke mit Kohlensäure sind zur Andickung nicht geeignet, da es zu Klümpchen- sowie zu starker Schaumbildung kommen kann.

HINWEIS: Obwohl breiige Nahrung mehr Flüssigkeit enthält als feste Nahrung, muss mindestens ein Drittel des Flüssigkeitsbedarfes als Trinkflüssigkeit eingenommen werden.

TIPP: Bei Konsistenzstufe „honigartig“: Für unterwegs eignen sich gebrauchsfertige, instant konsistenzadaptierte, amylaseresistente Wasser, die praktisch transportiert werden können (z.B. *Nutilis Aqua*®, Fa. *Nutricia*). Diese Produkte sind in verschiedenen Geschmacksrichtungen (Grenadine, Minze, Orange) über die Apotheken bzw. die Firma direkt erhältlich und schmecken gekühlt am besten.

REZEPTE: DIES & DAS

KRÄUTERÖL

Zutaten:

- 200 ml Öl, kaltgepresst oder raffiniert (z. B. Olivenöl, Rapsöl, Sonnenblumenöl, Walnussöl)
- hochwertige Kräuter und Gewürze, frisch oder getrocknet

Beispiele für Kräuter- und Gewürzmischungen:

Mediterran

- 1 Zweig Thymian
- 2 Zweige Oregano
- 1 Stängel Basilikum

Grill-Öl

- jeweils 1 Zweig Rosmarin, Thymian, Oregano und Salbei
- 1 Knoblauchzehe, halbiert
- einige Senf- und Korianderkörner

Erfrischend

- Schale von ½ unbehandelten, gewaschenen Zitrone (dünn abschneiden!)
- 1 Zweig Basilikum
- 2 Zweige Bohnenkraut
- 2 Knoblauchzehen, halbiert
- einige Senf- und Pfefferkörner

Material:
1 luftdicht verschließbare (dunkle) 200-ml-Flasche, gereinigt und desinfiziert (z. B. ausgekocht)

Zubereitung:
Füllen Sie die Kräuter bzw. Gewürze in die gereinigte, trockene Flasche und bedecken Sie sie vollständig mit dem Öl. Lagern Sie die Flasche gut verschlossen, kühl und dunkel 4 Wochen lang, damit sich der Geschmack voll entwickeln kann.

TIPPS: Verwenden Sie stets hochwertiges Öl. Bevorzugen Sie raffiniertes Öl, wenn dieses später erhitzt werden soll. Raffiniertes Öl ist auch geschmacksneutraler. Das Aroma der verwendeten Kräuter und Gewürze kommt hierdurch besonders gut zur Geltung. Frische Kräuter sollten vorher immer vorsichtig gewaschen und trocken getupft werden. Des Weiteren sollten Öle mit frischen Kräutern im Kühlschrank gelagert und rasch aufgebraucht werden.

HINWEIS: In der Flasche aufrecht stehende Stängel sind optisch meist sehr ansprechend. Pflanzenteile, die nicht von Öl bedeckt sind, können jedoch leicht verderben. Es ist daher durchaus vorteilhaft, wenn sie sich einfach am Flaschenboden sammeln, wie bei der Verwendung von getrockneten Kräutern und Gewürzen.

EINMACH

Zutaten:

15 g (1 EL) Butter

15 g (1 EL) Mehl

Zubereitung:

Die Butter im Topf schmelzen und anschließend das Mehl glatt einrühren, ohne dass es bräunt. Abgekühlt mit einem Schneebesen in die zu bindende Flüssigkeit einrühren oder mit kalter Flüssigkeit nach und nach unter ständigem Rühren aufgießen.

Alternativ kann statt der Butter auch Margarine oder Öl verwendet werden. Die tatsächlich benötigten Mengen richten sich nach der zu bindenden Menge bzw. nach der gewünschten Konsistenz. Grundsätzlich werden Fett und Mehl zu gleichen Teilen verwendet.

KONSISTENZDEFINIERTES TRINKEN UND ESSEN NACH IDDSI

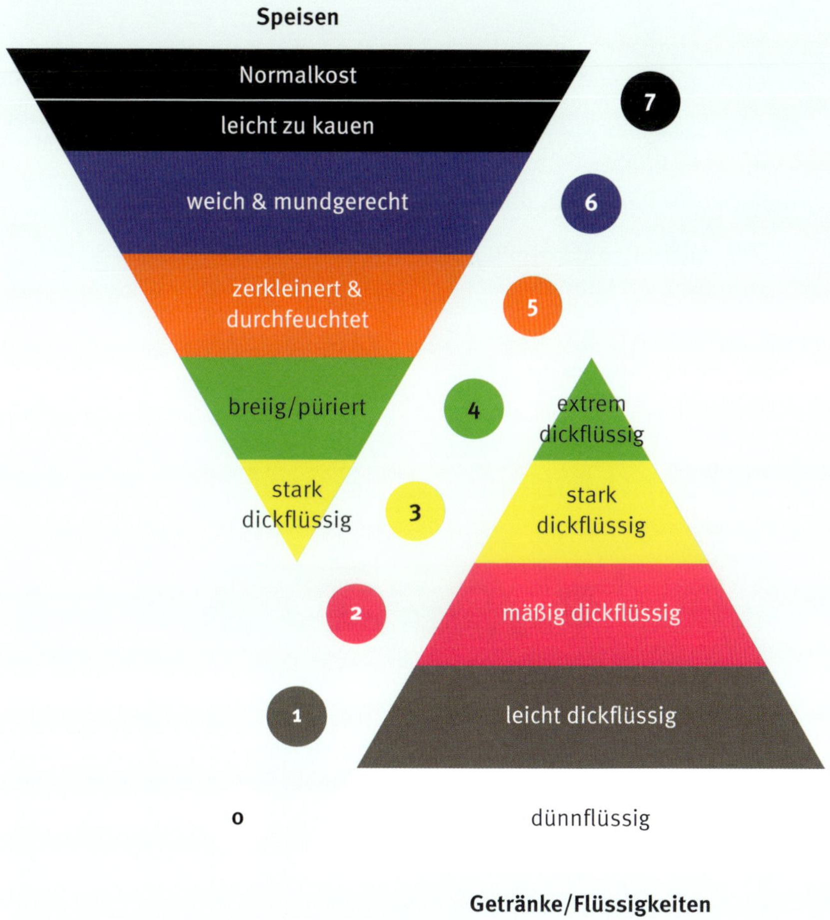

STUFE 0: DÜNNFLÜSSIGE GETRÄNKE

Die Konsistenzform „dünnflüssig“ stellt die Basis der Pyramide des konsistenzdefinierten Trinkens dar. Diese Flüssigkeiten sollten so schnell wie Wasser fließen und durch jede Art von Trinkaufsätzen (Schnabel, Sauger etc.), Tasse oder Strohhalm getrunken werden können.

Geeignet für Personen, die ...

- Flüssigkeiten aller Art im Mund und beim Schluckvorgang sicher kontrollieren können.

Eine Möglichkeit zum Austesten, ob die Flüssigkeit der Stufe 0 entspricht, finden Sie im Anhang ab S. 170.

STUFE 1: LEICHT DICKFLÜSSIG

Alle Flüssigkeiten der Stufe 1 müssen dicker als Wasser sein und erfordern daher beim Trinken ein wenig mehr Mühe als ganz dünnflüssige Getränke (Stufe 0). Diese Konsistenz sollte durch Trinkhalme, Spritzen und Trinkaufsätze (Schnabel, Sauger, Schnulleraufsätze etc.) gut durchfließen können.

Geeignet für folgende Personen:

- vorwiegend für Säuglinge, die eine leicht eingedickte Konsistenz benötigen (bei bestehender Gefahr des Verschluckens);
- für Erwachsene (und Kinder), wenn dünnflüssige Flüssigkeiten zu schnell fließen, um sicher geschluckt werden zu können. Diese leicht dicklichen Flüssigkeiten fließen etwas langsamer.

Eine Möglichkeit zum Austesten, ob die Flüssigkeit der Stufe 1 entspricht, finden Sie im Anhang ab S. 170.

STUFE 2: MÄSSIG DICKFLÜSSIG (SIRUP-/NEKTARARTIG)

Die Getränke fließen von einem Löffel schnell ab, jedoch langsamer als dünnflüssige Getränke. Diese Konsistenzstufe erfordert eine geringe Anstrengung beim Trinken durch einen dickeren Strohhalm mit einem Standardloch von 5,3 mm Durchmesser.

Geeignet für Personen mit ...

- Schwierigkeiten, dünne Getränke sicher zu kontrollieren, da sie zu schnell fließen;
- leichten Problemen mit der Zungenkontrolle.

Eine Möglichkeit zum Austesten, ob die Flüssigkeit der Stufe 2 entspricht, finden Sie im Anhang ab S. 170.

REZEPTE STUFE 2

GRÜNER SMOOTHIE

Zutaten für 2 Portionen:

- ca. 250–300 ml Orangensaft
- 1 kleine Banane, geschält
- 100 g Gurke, geschält und entkernt
- 1 Handvoll Blattspinat
- 1 Handvoll Vogerlsalat (Feldsalat)
- ½ Handvoll Wirsing
- evtl. Andickungsmittel (aus der Apotheke)

Zubereitung:
Die Gurke schälen und die Kerne entfernen. Alle Zutaten klein schneiden und im Standmixer gemeinsam fein pürieren. Durch ein Sieb passieren und die Konsistenz anpassen bzw. den Smoothie mit Andickungsmittel stabilisieren.

BIRNEN-SCHOKO-SHAKE

Zutaten für 2 Portionen:

- 100 g Kompottbirnen (ohne Saft)
- 1 Banane, geschält
- ca. 200 ml Vollmilch
- 1 TL Kakaopulver
- ½ Pkg. Vanillezucker
- etwas Staubzucker
- Orangensaft
- Zimt
- 100 ml Schlagobers (Sahne)
- 2 Kugeln Vanilleeis
- evtl. Andickungsmittel (aus der Apotheke)

Zubereitung:
Alle Zutaten bis auf Eis und Obers mixen. Dann Eis beimengen, nochmals mixen und das Schlagobers einrühren. Shake kaltstellen. Die Konsistenz bei Bedarf anpassen bzw. den Smoothie mit Andickungsmittel stabilisieren.

INGWER-SMOOTHIE

Zutaten für 2 Portionen:

- 1 Banane, geschält
- 1 Apfel, geschält und entkernt
- 300 ml Maracujasaft
- etwas Zitronensaft
- 1 Msp. bis ½ TL Ingwer, gemahlen
- evtl. Andickungsmittel (aus der Apotheke)

Zubereitung:

Apfel und Banane klein schneiden und mit den restlichen Zutaten im Standmixer fein pürieren. Bei Bedarf durch ein Sieb passieren und die Konsistenz anpassen bzw. den Smoothie mit Andickungsmittel stabilisieren.

MELONEN-GURKEN-SMOOTHIE

Zutaten für 2 Portionen:

- 100 g Gurke, geschält und entkernt
- 500 g Wassermelone, geschält und entkernt
- 2 EL Limettensaft
- 1 EL Agavendicksaft oder brauner Zucker
- 4 Blätter Minze
- evtl. Andickungsmittel (aus der Apotheke)

Zubereitung:

Die Gurke und die Melone klein schneiden und gemeinsam mit den restlichen Zutaten im Standmixer fein pürieren. Durch ein Sieb passieren und die Konsistenz anpassen bzw. den Smoothie mit Andickungsmittel stabilisieren.

PIÑA-COLADA-SHAKE

Zutaten für 1 Portion:

- 100 g Kokoscreme (gesüßt)
- ca. 100 ml Ananassaft
- 1 Kugel Vanilleeis
- evtl. Andickungsmittel (aus der Apotheke)

Zubereitung:

Zutaten in den Mixer geben, vermischen und gleich servieren. Die Konsistenz bei Bedarf anpassen bzw. den Shake mit Andickungsmittel stabilisieren.

MANGO-LASSI

Zutaten für 2 Portionen:

- ½ reife Mango, geschält und klein geschnitten
- 400–500 g Naturjoghurt (3,6 % Fett)
- evtl. 1 EL Honig

Zubereitung:
Die Mango mit dem Joghurt und eventuell Honig fein pürieren. Bei Bedarf durch ein Sieb passieren und die Konsistenz anpassen.

BUTTERMILCH-ERDBEER-SHAKE

Zutaten für 2 Portionen:

- 100 g Erdbeeren (frisch oder tiefgekühlt) oder Erdbeermark
- 1 EL Staubzucker
- ca. 250 ml Sauer- oder Buttermilch
- 50 ml Schlagobers (Sahne)
- evtl. Andickungsmittel (aus der Apotheke)

Zubereitung:
Erdbeeren mit Staubzucker fein pürieren und passieren. Mit Sauer- bzw. Buttermilch und Schlagobers verrühren. Die Konsistenz bei Bedarf anpassen bzw. den Smoothie mit Andickungsmittel stabilisieren.

REZEPTE MIT TRINKNAHRUNG

BEERENSTARKER JOGHURT-MIX

Zutaten für 1 Portion:

- ½ Pkg. Trinknahrung mit Vanillegeschmack
- ½ Becher Joghurt (3,6 % Fett)
- 50 g Beerenmark (ohne Kerne)

Zubereitung:
Alle Zutaten mit dem Mixer glatt rühren und sofort servieren. Die Konsistenz bei Bedarf anpassen.

KAFFEE-SCHOKO-GENUSS

Zutaten für 1 Portion:

- 200 ml (1 Pkg.) Trinknahrung mit Kaffeegeschmack
- 1 Kugel Schokoladeneis

Zubereitung:
Alle Zutaten im Mixer verrühren und sofort servieren. Die Konsistenz bei Bedarf anpassen.

PFIRSICHTRAUM

Zutaten für 1 Portion:

- ½ Pkg. Trinknahrung mit Vanille- oder Fruchtgeschmack
- 100 g geschnittene Kompottpfirsiche (ohne Saft)
- etwas Zimt

Zubereitung:
Alle Zutaten mit dem Mixer pürieren. Die Konsistenz bei Bedarf anpassen.

VANILLE-BANANEN-SHAKE

Zutaten für 1 Portion:

- 100–200 ml Trinknahrung mit Vanillegeschmack
- 1 Banane, geschält
- evtl. Staubzucker oder Süßstoff

Zubereitung:
Zutaten im Mixer pürieren und sofort servieren. Die Konsistenz bei Bedarf anpassen.

STUFE 3: STARK DICKFLÜSSIG (HONIGARTIG)

Diese Konsistenzstufe sollte aus einer Tasse getrunken werden können, allerdings ist der Konsum durch Standard-Strohhalme bzw. weite Strohhalme bereits anstrengend. Es ist

- kein Anrichten (Verarbeiten, Schichten, Formen) der Kost auf einem Teller möglich;
- ein Löffel nötig, um die Kost essen zu können (die Gabel ist hier ungeeignet, da die Kost langsam durch die Zinken tropfen würde);
- direktes Schlucken möglich (keine Notwendigkeit, die Speisen im Mund zu zerdrücken oder zu kauen);
- eine glatte Textur ohne Stückchen (z. B. Klumpen, Fasern, Schalenstücke, Haut ...) ersichtlich.

Geeignet für Personen mit ...

- Schwierigkeiten, mäßig dickflüssige Getränke zu konsumieren, da die Zungenkontrolle nicht ausreicht bzw. mehr Zeit für die Kontrolle von Flüssigkeiten im Mund benötigt wird;
- ausreichender Vorwärtsbewegung der Zunge;
- Schmerzen beim Schlucken.

Folgende Nahrungsmittel können der IDDSI-Stufe 3 entsprechen:

Lebensmittel	Beschaffenheit
Breinahrung	Breie und Gläschen „nach dem 4. Monat“ für Kleinkinder (Reisbrei oder pürierte Früchte)
Suppen und Saucen	Glatte Flüssigkeiten ohne Kräuter, fein pürierte Suppen, Fleischsaft, Fruchtsaucen ohne Gewürzstücke
Getränke	Sirupe und Nektar

Eine Möglichkeit zum Austesten, ob die Flüssigkeit der Stufe 3 entspricht, finden Sie im Anhang ab S. 170.

Ungeeignet:

Klumpen, Fasern, Stücke von Schalen oder Haut (z. B. Säfte mit Fruchtfleisch), Schalen von Hülsenfrüchten (Bohnen, Linsen etc.), Teilchen von Knorpeln oder Knochen sind in dieser Konsistenz ungeeignet. Idealerweise werden die Speisen nach dem Pürieren durch ein Haarsieb/Spitzsieb gestrichen, um Stückchen zu vermeiden. So kann eine glatte Textur gewährleistet werden.

Wie gehe ich sicher, dass die Speise geeignet ist? Folgende Fragen sollten Sie mit „ja“ beantworten können:

- Hinterlassen die Zinken einer Gabel kein klares Muster an der Oberfläche des Lebensmittels?
- Wenn Sie eine kleine Menge mit der Gabel aufnehmen, tropft die Flüssigkeit langsam durch die Zinken einer Gabel hindurch?
- Falls die Flüssigkeit verschüttet wird, breitet sie sich auf einer ebenen Fläche aus?
- Läuft die Flüssigkeit bei gekipptem Löffel leicht hinab und klebt nicht am Löffel?
- Kann die Speise nicht zwischen zwei Fingern gehalten werden, weil sie glatt durchrutscht und lediglich einen Film/Belag auf der Haut hinterlässt?

REZEPTE STUFE 3

Verdünnt sind diese Rezepte ebenso für Stufe 2 und stärker angedickt für Stufe 4 geeignet (siehe Kapitel Konsistenzanpassung).

SUPPEN

MARONICREMESUPPE

Zutaten für 4 Portionen:

- 250 g Maroni (Esskastanien), essfertig (geschält und gegart abgepackt)
- 1 Zwiebel, würfelig geschnitten
- 1 kleine Knoblauchzehe, gehackt
- 1 EL Rapsöl
- 20 g Mehl
- 50 ml Schlagobers (Sahne)
- 550 ml klarer, kalter Wildfond oder Gemüsesuppe (Menge bei Bedarf anpassen)
- 1 TL Rosmarinnadeln
- etwas Zitronensaft
- Muskat
- Salz

Zubereitung:

Maroni klein würfelig schneiden. Gemeinsam mit der Zwiebel und dem Knoblauch im Rapsöl leicht anrösten. Mit Mehl stauben und mit der kalten Suppe unter ständigem Rühren nach und nach aufgießen. Rosmarinnadeln in Gewürzsäckchen sicher verpacken, in die Suppe geben und zugedeckt ca. 10 Min. leicht kochen lassen. Gelegentlich umrühren. Gewürzsäckchen entfernen und die Suppe pürieren, bis diese fein homogen und ohne Stücke ist. Schlagobers zugeben und mit Zitronensaft, Salz und Muskat abschmecken. Bei Bedarf passieren und die Konsistenz anpassen!

HINWEIS: Wildfond im Glas wird in unterschiedlichen Mengen im Handel angeboten. Ersetzen Sie eine eventuell zu geringe Menge einfach durch Gemüsesuppe oder Wasser.

FRUCHTIG MILDE CURRYCREMESUPPE

Zutaten für 4 Portionen:

- 1 Banane, geschält und in Scheiben geschnitten
- 1 Apfel, geschält, entkernt und würfelig geschnitten
- 20 g Rapsöl
- 1 TL Zucker
- 1 EL Currypulver der Geschmacksrichtung Madras
- 1 TL Kurkuma
- 600 ml klare Hühner- oder Gemüsesuppe (Menge bei Bedarf anpassen)
- 55 g glattes Mehl
- 125 ml ungesüßte Kokoscreme

Zubereitung:
Das Mehl mit der Kokoscreme glatt verrühren. Bananenscheiben und Apfelwürfel im Öl gut anschwitzen und mit dem Zucker karamellisieren. Currypulver und Kurkuma einrühren, mit der Suppe aufgießen und ca. 5 Min. zugedeckt köcheln lassen. Kokoscreme-Mehl-Gemisch unter ständigem Rühren zugeben und erneut 10 Min. zugedeckt leicht köcheln lassen. Immer wieder umrühren. Die Suppe pürieren, bis sie fein homogen und ohne Stücke ist. Bei Bedarf passieren und die Konsistenz anpassen!

TIPP: Kochen Sie ein paar Kaffir-Limettenblätter (im Asia-Shop oder gemahlen im gut sortierten Lebensmittelhandel erhältlich) in einem Tee-Ei oder einem Einweg-Teebeutel mit und entfernen Sie sie vor dem Pürieren. Dies verleiht der Suppe ein erfrischendes Aroma.

KÜRBISCREMESUPPE

Zutaten für 4 Portionen:

- 500 g Kürbisfleisch, würfelig geschnitten
- 2 Schalotten geschält und fein gehackt
- 20 g Rapsöl
- 1 EL Tomatenmark
- 2 Knoblauchzehen, gepresst
- 1 TL edelsüßes Paprikapulver
- etwas Kümmel, gemahlen
- 2 EL Crème fraîche (Schmand)
- 250 ml klare Rind- oder Gemüsesuppe (Menge bei Bedarf anpassen)

Zubereitung:
Die gehackten Schalotten im Rapsöl anschwitzen, das Kürbisfruchtfleisch dazugeben und bei geringer Hitze zugedeckt sehr weich dünsten. Das Paprikapulver, das Tomatenmark, die gepressten Knoblauchzehen sowie den Kümmel unterrühren und mit der klaren Suppe erneut ca. 5 Min. zugedeckt kochen. Die Suppe pürieren und Crème fraîche einrühren. Bei Bedarf passieren und die Konsistenz anpassen!

BÄRLAUCH-LACHSCREMESUPPE

Zutaten für 4 Portionen:

- 20 g Rapsöl
- 60 g Mehl
- 50 g Bärlauch
- 800 ml klare, kalte Gemüsesuppe (Menge bei Bedarf anpassen)
- 100 g Frischkäse der Sorte Lachs (z. B. von Philadelphia)
- 2 EL Weißwein

Zubereitung:

Bärlauch fein hacken, im Öl anschwitzen und mit Mehl stauben. Nach und nach mit kalter Gemüsesuppe unter ständigem Rühren aufgießen und ca. 10 Min. auf kleiner Flamme kochen lassen. Anschließend Weißwein und Frischkäse unterrühren. Die Suppe pürieren, bis sie fein homogen und ohne Stücke ist. Bei Bedarf passieren und die Konsistenz anpassen!

UNGARISCHE KARTOFFELCREMESUPPE

Zutaten für 4 Portionen:

- 300 g mehlige Kartoffeln, geschält und würfelig geschnitten
- 1 Zwiebel
- 700 ml klare Gemüsesuppe (Menge bei Bedarf anpassen)
- 1 Spritzer Essig
- 1 TL Majoran, gerebelt
- 1 Lorbeerblatt
- 40 g Rapsöl
- 20 g glattes Mehl
- 1 TL edelsüßes Paprikapulver

Zubereitung:

Die Kartoffelwürfel mit einem Spritzer Essig sowie dem Lorbeerblatt und Majoran (im Gewürzsäckchen) in der Suppe zugedeckt so lange kochen, bis die Kartoffelwürfel zerfallen. Das Gewürzsäckchen und das Lorbeerblatt aus der Suppe nehmen.

In der Zwischenzeit das Öl erwärmen, würfelig geschnittene Zwiebel darin leicht anrösten, paprizieren und mit Mehl stauben. Gut verrühren, sorgfältig in den fertigen Kartoffelsud einrühren und ca. 10 Min. auf kleiner Stufe kochen lassen. Die Suppe pürieren und bei Bedarf die Konsistenz anpassen!

ZUCCHINICREMESUPPE – BASISREZEPT

Zutaten für 4 Portionen:

1 EL Butter
1 gehäufter EL Mehl
600 g Zucchini
250 ml klare, kalte Gemüsesuppe (Menge bei Bedarf anpassen)

Zubereitung:
Zucchini waschen, putzen (eine sehr feste Schale besser entfernen) und klein würfelig schneiden. In der Butter kurz anschwitzen und mit Mehl stauben. Mit der kalten Suppe unter ständigem Rühren nach und nach aufgießen und auf kleiner Flamme zugedeckt kochen, bis die Zucchini sehr weich sind. Die Suppe pürieren, bis sie fein homogen und ohne Stücke ist. Bei Bedarf passieren und die Konsistenz anpassen!

TIPP: Probieren Sie dieses Basisrezept doch auch einmal mit anderen Gemüsesorten! Für die richtige Konsistenz passen Sie die Menge an Gemüse bzw. klarer Suppe einfach entsprechend an.

SÜSSER & PIKANTER BREI

SÜSSE BREIE

Sie eignen sich besonders als schnelles Frühstück oder Abendessen.

VOLLKORN-DINKELGRIESSKOCH

Zutaten für 1 Portion:

- 1 TL Butter oder Margarine
- 30 g Vollkorn-Dinkelgrieß
- 300 ml Vollmilch
- 2 TL Zucker oder Süßstoff

Zubereitung:
Die kalte Milch gemeinsam mit dem Dinkel-Vollkorngrieß und Zucker bzw. Süßstoff unter ständigem Rühren 1 Min. kochen. Von der Flamme nehmen, zudecken und ca. 15 Min. ziehen lassen. Mit 1 TL Margarine oder Butter verfeinern. Den Brei bei Bedarf pürieren bzw. passieren.

TIPP: Verfeinern Sie den Grießkoch doch einmal mit Kakao oder Zimt. Rühren Sie diesen jedoch ein, damit durch das Kakaopulver bzw. den gemahlenen Zimt keine Aspirationsgefahr gegeben ist.

HAFERKEKSBREI MIT APFEL UND ZIMT

Zutaten für 1 Portion:

- 50 g Haferflockenkekse
- 2 EL Apfelmus
- 300 ml Vollmilch
- Zimt, gemahlen

Zubereitung:
Haferflockenkekse klein hacken. Die kalte Milch gemeinsam mit den gehackten Keksen unter ständigem Rühren aufkochen, Topf von der Flamme nehmen und die Masse pürieren. Apfelmus unterrühren und erneut aufkochen, bis die gewünschte Konsistenz erreicht ist. Mit Zimt abschmecken und den Brei bei Bedarf passieren bzw. pürieren.

ZWIEBACKBREI MIT BANANEN

Zutaten für 1 Portion:

- 40 g Zwieback
- ½ Banane
- 300 ml Vollmilch
- Honig, Zucker oder Süßstoff (bei Bedarf)
- 1 EL Butter oder Margarine

Zubereitung:
Eine halbe Banane schälen und klein schneiden. Zwieback klein hacken. Die kalte Milch gemeinsam mit dem gehackten Zwieback und den Bananenwürfeln unter ständigem Rühren ca. 10 Min. auf kleiner Flamme kochen. Bei Bedarf mit Honig oder Süßstoff nachsüßen und den Brei passieren bzw. pürieren. Butter bzw. Margarine einrühren.

BRIOCHE-HONIG-BREI MIT VANILLE

Zutaten für 1 Portion:

- 70 g Brioche
- 15 g Semmelbrösel
- 1 EL Honig
- etwas Vanillezucker
- 300 ml Vollmilch
- 2 EL Gervais (Frischkäse)

Zubereitung:
Brioche zerteilen und mit der Milch aufkochen lassen. Masse pürieren, Semmelbrösel und Vanillezucker zugeben und erneut unter ständigem Rühren aufkochen lassen, bis ein homogener Brei entsteht. Von der Hitze nehmen, pürieren bzw. passieren und Honig sowie Gervais einrühren.

HINWEIS: Brioche oder Striezel (Hefezopf) wird beim Pürieren oft klebrig und lässt sich auch nur schwer durch ein feines Sieb passieren. Der Gervais ist daher besonders wichtig, weil dadurch der Brei an Klebrigkeit verliert.

MANNER-VOLLKORNSCHNITTEN-BREI

Zutaten für 1 Portion:

- 1 Pkg. Manner Vollkornschnitten (75 g)
- 280 ml Vollmilch

Zubereitung:
Vollkornschnitten klein hacken. Gemeinsam mit der Milch aufkochen, von der Flamme nehmen und pürieren. Den Brei erneut bis zur gewünschten Konsistenz einkochen. Bei Bedarf pürieren bzw. passieren.

TIPP: Schmeckt auch mit Neapolitaner Schnitten lecker!

SHREDDIES-KNUSPERWAFFEL-BREI

Zutaten für 1 Portion:

- 40 g Shreddies (Vollkorn-Cerealien)
- 10 g Vollkornsemmelbrösel
- 1 EL Gervais (Frischkäse)
- 300 ml Vollmilch

Zubereitung:
Shreddies klein hacken. Die kalte Milch gemeinsam mit den gehackten Shreddies und den Vollkornsemmelbröseln unter ständigem Rühren ca. 1 Min. aufkochen, von der Flamme nehmen und pürieren. Anschließend den Gervais einrühren.

CORNFLAKES-BREI MIT HONIG

Zutaten für 1 Portion:

- 60 g ungesüßte Vollkorn-Cornflakes
- 300 ml Vollmilch
- 2 TL Honig
- 1 TL Butter oder Margarine

Zubereitung:
Die kalte Milch mit den Cornflakes und dem Honig unter ständigem Rühren aufkochen, von der Flamme nehmen und 10 Min. ziehen lassen. Den Brei pürieren und Butter bzw. Margarine einrühren.

VANILLE-BISKOTTEN-BREI

Zutaten für 1 Portion:

- 250 ml Vollmilch
- 50 ml Schlagobers (Sahne)
- 10 g Vanillepuddingpulver
- 20 g Biskotten (Löffelbiskuits)
- 1 TL Zucker oder Süßstoff bei Bedarf

Zubereitung:
Biskotten zerkleinern. Puddingpulver in etwas kalter Milch glatt rühren. Die restliche Milch gemeinsam mit den zerkleinerten Biskotten und dem Schlagobers unter ständigem Rühren ca. 5 Min. auf kleiner Flamme kochen, Topf beiseite nehmen und die Masse pürieren. Den Topf wieder auf die Flamme stellen, gelöstes Puddingpulver unterrühren und 2 Min. unter ständigem Rühren auf kleiner Flamme kochen. Bei Bedarf pürieren bzw. passieren und mit Zucker oder Süßstoff nachsüßen.

PIKANTE BREIE

Pikante Breie können Sie auch mit fettarmer Milch zubereiten. Diese besitzt kaum Eigengeschmack, jedoch Energie, hochwertiges Eiweiß sowie viele Vitamine und Mineralstoffe.

PIKANTER HAFERBREI MIT EI

Zutaten für 1 Portion:

- 25 g Instant-Haferbrei (ohne Milch, ungesüßt)
- 200 ml Wasser
- 1 Eidotter
- 1 EL Obers (Sahne)
- 1 TL Butter oder Margarine
- Brotgewürz, fein gemahlen
- Salz, Schwarzsalz für eine besondere Note

Zubereitung:
Das Eidotter mit dem Obers gut verquirlen. Haferbrei in kaltem Wasser glatt rühren und mit der Butter ca. 30 Sek. kochen. Topf von der Flamme nehmen und das Dotter-Obers-Gemisch zügig mit dem Schneebesen unter den Brei rühren. Mit Brotgewürz, Salz und Schwarzsalz abschmecken. Bei Bedarf passieren.

INFO: Schwarzsalz hat einen schwefelartigen Geschmack und unterstützt somit den Eigeschmack optimal.

KÄSEBROT-BREI

Zutaten für 1 Portion:

- 30 g Dinkel- oder Haferbrei (Instant, milch- und zuckerfrei)
- 2 Scheiben Toastkäse, in Stücke geschnitten
- 200 ml Wasser
- 1 TL Butter oder Margarine
- Salz
- Brotgewürz, fein gemahlen

Zubereitung:
Den Dinkelbrei in kaltes Wasser glatt einrühren und die Toastkäsestücke zugeben. Aufkochen und rühren, bis der Käse geschmolzen ist. Von der Hitze nehmen, Butter einrühren und mit Brotgewürz und Salz abschmecken.

SCHINKENBROT-BREI

Zutaten für 1 Portion:

- 25 g Dinkel- oder Haferbrei (Instant, milch- und zuckerfrei)
- 1 EL Schinkenaufstrich (homogen, aus der Dose)
- 200 ml Wasser
- 1 TL Butter
- Salz
- Brotgewürz, fein gemahlen

Zubereitung:

Den Dinkelbrei in kaltes Wasser glatt einrühren und den Schinkenaufstrich zugeben. Aufkochen und rühren, bis der Aufstrich geschmolzen ist. Von der Hitze nehmen, Butter einrühren und mit Brotgewürz und Salz abschmecken.

TIPP: Probieren Sie diesen Brei auch einmal mit Selchfleisch- oder Thunfischaufstrich. Der Aufstrich sollte eine homogene Konsistenz haben (ohne feste Stückchen/Kräuter). Servieren Sie für mehr Genuss unsere Essiggurken dazu (Rezept S. 67).

MARMELADEBROT-BREI

Zutaten für 1 Portion:

- 25 g Dinkel- oder Haferbrei (Instant, milch- und zuckerfrei)
- 1 EL passierte Marmelade/Konfitüre (ohne Fruchtstücke, ohne Kerne)
- 200 ml Wasser
- 1 TL Butter oder Margarine
- Brotgewürz, fein gemahlen

Zubereitung:

Den Dinkelbrei in kaltes Wasser glatt einrühren und die Marmelade zugeben. Aufkochen und rühren, bis die Flocken vollständig geschmolzen sind. Von der Hitze nehmen, Butter einrühren und mit dem Brotgewürz abschmecken.

HAUPTSPEISEN

Prinzipiell können alle saftigen Speisen einfach püriert bzw. passiert und die Konsistenz optimiert werden (siehe das Kapitel „Konsistenzanpassung“, S. 36). So müssen Sie auf bekannte und beliebte Geschmacksrichtungen nicht verzichten und können wie gewohnt „mit der Familie mitessen“.

LEBERKÄSEMOUSSE

Zutaten für 2 Portionen:

125 g Leberkäse, klein würfelig geschnitten

Béchamel:

10 g Butter
10 g Mehl
100 ml Magermilch
Knoblauchgranulat
Salz
1 Schuss Schlagobers (Sahne)

Zubereitung:
Béchamel zubereiten (siehe Basisrezept S. 86). Die Leberkäsewürfel sowie die Gewürze zugeben und kurz mitkochen. Pürieren und mit einem Schuss Schlagobers verfeinern.

SELCHFLEISCHMOUSSE

Zutaten für 2 Portionen:

125 g Selchfleischaufstrich, homogen (aus der Dose)

Béchamel:

10 g Butter
10 g Mehl
100 ml Magermilch
Knoblauchgranulat
Salz
1 Schuss Schlagobers (Sahne)

Zubereitung:
Béchamel zubereiten (siehe Basisrezept S. 86). Den Selchfleischaufstrich sowie die Gewürze zugeben und kurz mitkochen. Pürieren und mit einem Schuss Schlagobers verfeinern.

LACHSMOUSSE

Zutaten für 2 Portionen:

- 1 EL Olivenöl mit Zitronenaroma
- 125 g Lachsfilet
- 1 Schuss Schlagobers (Sahne)

Béchamel:

- 10 g Butter
- 10 g Mehl
- 100 ml Vollmilch
- Knoblauchgranulat
- Salz
- Muskat

Zubereitung:
Lachsfilet in Olivenöl anbraten, aus der Pfanne nehmen und klein schneiden. Butter in der gleichen Pfanne schmelzen, Mehl glatt einrühren und mit kalter Milch unter ständigem Rühren nach und nach aufgießen. Mindestens 5 Min. auf kleiner Flamme kochen und dabei ständig rühren. Gewürze und Lachsstücke zugeben, pürieren und mit einem Schuss Schlagobers verfeinern.

ESSIGGURKEN

Zutaten für 2 Portionen:

- 100 g Essiggurken, abgetropft
- Andickungsmittel (aus der Apotheke)

Zubereitung:
Essiggurken fein pürieren. Mit Andickungsmittel stabilisieren. Es darf sich kein Saft absetzen.

HINWEIS: Kleinere Mengen lassen sich oft schwer pürieren.

GEMÜSEBREI – BASISREZEPT

Zutaten für 2 Portionen:

- 250 g Gemüse nach Wahl, gewaschen, geputzt, entkernt und klein geschnitten
- 20 g Butter
- 50 ml klare Gemüsesuppe
- Salz

Zubereitung:
Gemüse in Butter anschwitzen, mit der Gemüsesuppe aufgießen und zugedeckt sehr weich dämpfen. Pürieren, bei Bedarf passieren und salzen. Es dürfen keine Stückchen im Brei zurückbleiben. Die Konsistenz bei Bedarf anpassen.

TIPP: Probieren Sie dieses Basisrezept mit verschiedenen Gemüsesorten, Kombinationen und Gewürzen! Passen Sie die Flüssigkeitsmenge – je nach Wassergehalt des Gemüses – einfach an. Faserreiches Gemüse (z. B. Spargel) muss meist passiert werden.

ERBSENPÜREE

Zutaten für 2 Portionen:

- 300 g Erbsen (tiefgekühlt)
- 1 kleine Zwiebel
- 20 g Butter
- 10 g Zucker
- 30 ml Schlagobers (Sahne)
- Salz
- Muskat
- evtl. klare Gemüsesuppe

Zubereitung:
Zwiebel schälen und klein schneiden. In Butter anschwitzen und mit Zucker karamellisieren. Erbsen dazugeben und sehr weich dünsten. Nur wenn das Eigenwasser der Erbsen vollständig verdampft ist und diese sich am Topfboden anlegen, etwas Gemüsesuppe zugeben. Schlagobers (Sahne) beimengen und die Masse pürieren. Mit Salz und Muskat würzen. Es dürfen keine Schalenstücke mehr vorhanden sein; bei Bedarf passieren und die Konsistenz anpassen.

KAROTTENBREI

Zutaten für 2 Portionen:

- 250 g Karotten
- 20 g Butter
- 10 g Zucker
- 50 ml klare Gemüsesuppe
- evtl. Salz

Zubereitung:
Karotten waschen, putzen und klein schneiden. In Butter anschwitzen und mit Zucker karamellisieren. Mit der Gemüsesuppe aufgießen, mit Salz würzen und ca. 15 Min. zugedeckt bei geringer Hitze weich kochen. Mit der Restflüssigkeit pürieren und die Konsistenz bei Bedarf anpassen. Evtl. mit Salz abschmecken.

GERÖSTETE KNÖDEL MIT EI

Zutaten für 1 Portion:

- 1 EL Zwiebeln, gehackt
- 1 EL Rapsöl
- 100 g Semmelrolle (siehe Rezept S. 120), klein geschnitten
- 100 ml Milch
- 50 ml Schlagobers (Sahne)
- 50 ml Milch
- 2 Eier, verquirlt
- Salz, evtl. Schwarzsalz

Zubereitung:
Die gehackten Zwiebeln im Rapsöl anrösten, die geschnittenen Knödel zugeben und unter mehrmaligem Wenden mitrösten. Mit 100 ml Milch aufgießen, aufkochen lassen und pürieren, bis die Masse homogen ist.

Mit Obers und 50 ml Milch erneut aufkochen, bis die Masse leicht angedickt ist. Bei Bedarf etwas Milch nachgießen und salzen. Die Flamme zurückdrehen und die verquirlten Eier einrühren. Bei sehr geringer Hitze (evtl. den Herd abdrehen) so lange rühren, bis die Eier ausreichend gebunden haben (ca. 5 Min.). Achten Sie darauf, dass sich die Speise nicht am Boden anlegt bzw. von der Kruste nichts in den Brei gerührt wird. Mit Salz, eventuell Schwarzsalz verfeinern.

KOHLRABI MIT ERBSEN

Zutaten für 2 Portionen:

- 1 Kohlrabi (Kohlrübe), geschält und klein geschnitten (ca. 150 g)
- 100 g Erbsen (tiefgekühlt)
- 100 ml klare Gemüsesuppe
- 1 EL Rapsöl
- 10 g glattes Mehl
- 50 ml kaltes Wasser

Zubereitung:
Das Mehl mit dem kalten Wasser glatt rühren, bis keine Klümpchen mehr vorhanden sind. Notfalls durch ein Sieb streichen.

Den geschnittenen Kohlrabi mit den Erbsen im Rapsöl anschwitzen und in der Gemüsebrühe zugedeckt sehr weich kochen (ca. 15 Min.). Anschließend pürieren und bei Bedarf durch ein Sieb streichen. Nach und nach das Mehl-Wasser-Gemisch zugeben, bis die gewünschte Konsistenz erreicht ist, und darauf achten, dass keine Klümpchen entstehen. Beachten Sie, dass die Bindung in den ersten Minuten nachdickt und mindestens 5 Min. erhitzt werden sollte. Passen Sie die Konsistenz bei Bedarf an.

RAHMBOHNEN

Zutaten für 2 Portionen:

- 150 g grüne Bohnen, gewaschen, geputzt und klein geschnitten
- 100 g Erbsen (tiefgekühlt)
- 100 ml klare Gemüsesuppe
- 1 TL Dill, gehackt
- 1 EL Rahm (saure Sahne)
- 10 g glattes Mehl
- 50 ml kaltes Wasser

Zubereitung:
Mehl mit Rahm und Wasser glatt verrühren. Bei Klümpchenbildung durch ein Sieb streichen. Die Bohnen mit Erbsen und Dill in der Gemüsesuppe zugedeckt sehr weich kochen (ca. 15 Min) und pürieren. Sollten Schalenanteile darin verblieben sein, so muss das Püree passiert werden. Nun das Mehl-Wasser-Rahm-Gemisch unterrühren und erneut ca. 10 Min. zugedeckt kochen. Ab und zu umrühren. Bei Bedarf die Konsistenz anpassen.

ROTE-RÜBEN-SALAT

Zutaten für 1 Portion:

- 100 g Rote-Rüben-Salat, abgetropft
- Andickungsmittel aus der Apotheke (bei Bedarf)

Zubereitung:
Rote-Rüben-Salat fein pürieren. Das Püree muss breiig sein und es darf sich kein Saft absetzen. Bei Bedarf mit Andickungsmittel aus der Apotheke stabilisieren.

ROTWEIN-SCHALOTTEN MIT ROTEN RÜBEN

Zutaten für 2 Portionen:

- 150 g rote Rüben, geschält und klein geschnitten (alternativ vorgekochte Rüben verwenden)
- 150 g Schalotten (Edelzwiebeln)
- 2 EL Butter
- 2 EL Zucker
- 125 ml Rotwein
- 1 Zweig Thymian
- Salz
- Kartoffelflocken oder Andickungsmittel aus der Apotheke

Zubereitung:
Die frischen, geschnittenen Rüben sehr weich dämpfen. Die Schalotten fein würfelig schneiden und in der Butter anschwitzen. Zucker darüberstreuen und karamellisieren. Mit Rotwein aufgießen, etwas Salz sowie den Rosmarinzweig zugeben und einkochen lassen. Bevor die gesamte Flüssigkeit verkocht ist, den Thymianzweig herausnehmen und die Masse fein pürieren. Mit Andickungsmittel oder Kartoffelflocken andicken (siehe Kapitel „Konsistenzanpassung“, S. 36), da sich sonst Flüssigkeit absetzen würde.

LINSENPÜREE

Zutaten für 2 Portionen:

- 100 g getrocknete Tellerlinsen (alternativ 250 g Linsen aus der Dose oder aus dem Glas, abgetropft)
- 20 g Rapsöl
- 10 g Mehl
- ½ Zwiebel, fein gehackt
- 100 ml kalte Gemüse- oder Rindsuppe
- 1 Spritzer Essig
- 1 Knoblauchzehe, gepresst
- ½ TL Kümmel, gemahlen
- evtl. Salz

Zubereitung:
Die getrockneten Linsen in 1 Liter Wasser im Kühlschrank 12 Stunden quellen lassen. Anschließend so lange kochen, bis sie sehr weich sind. Linsen abseihen. Alternativ Linsen aus der Dose oder aus dem Glas abseihen.

In einem Topf Rapsöl erhitzen, die gehackte Zwiebel darin leicht anrösten und das Mehl unterrühren. Mit der kalten Suppe unter ständigem Rühren nach und nach aufgießen. Rühren, bis sich das Mehl gelöst hat. Nun die Linsen zugeben. Mit Essig, Knoblauch sowie Kümmel würzen. Anschließen ca. 15 Min. zugedeckt leicht kochen lassen und gelegentlich umrühren. Die Linsen abschmecken und pürieren. Bei Bedarf passieren und die Konsistenz anpassen.

TIPP: Eine Prise Kreuzkümmel (Cumin) verleiht den Linsen einen orientalischen Kick.

BEILAGEN

Schnell und einfach können Instant-Getreidebreie (z. B. für Babys bzw. Kleinkinder) als Brei-Beilage zubereitet und individuell pikant gewürzt werden.

SELLERIE-KARTOFFEL-PÜREE

Zutaten für 2 Portionen:

- 200 g mehlige Kartoffeln, geschält und würfelig geschnitten
- 200 g Sellerieknolle, geschält und würfelig geschnitten
- ca. 100 ml Vollmilch
- 20 g Butter
- Salz
- Muskat

Zubereitung:
Sellerie sehr weich dämpfen, pürieren und bei Bedarf passieren. Kartoffeln in Salzwasser weich kochen, abseihen und zweimal durch eine Kartoffelpresse drücken. Selleriepüree und Butter zugeben und nach und nach mit der Milch aufgießen, bis die gewünschte Konsistenz erreicht ist. Mit Salz und etwas Muskat abschmecken.

POLENTABREI

Zutaten für 1 Portion:

- 30 g Instant-Polenta (Maisgrieß; alternativ feinen Maisgrieß)
- 100 ml klare, kalte Gemüsesuppe
- 200 ml Wasser
- 1 TL Parmesan, gerieben
- Salz
- 1 EL Gervais oder 20 ml Schlagobers (Sahne) zum Verfeinern

Zubereitung:
Alle Zutaten in den Topf geben und unter ständigem Rühren zu einem Brei einkochen. Bedenken Sie dabei, dass die Polenta beim Abkühlen noch deutlich nachziehen und somit fester werden kann. Brei mit Salz abschmecken. Zum Schluss mit Gervais oder Schlagobers verfeinern.

KARTOFFELPÜREE

Zutaten für 2 Portionen:

- 400 g mehlige Kartoffeln, geschält und würfelig geschnitten
- ca. 100 ml Vollmilch
- 20 g Butter
- Salz
- Muskat

Zubereitung:
Die Kartoffeln in Salzwasser weich kochen oder dämpfen. Abseihen und zweimal durch eine Kartoffelpresse drücken. Butter zugeben und nach und nach mit der Milch aufgießen, bis die gewünschte Konsistenz erreicht ist. Mit Salz und etwas Muskat abschmecken.

TIPP: Rösten Sie Zwiebeln in Rapsöl an und kochen Sie sie in der Milch weich. Anschließend pürieren Sie die Mischung und verwenden diese Zwiebelmilch für die Herstellung des Pürees.

PIKANTER GRIESS

Zutaten für 1 Portion:

- 30 g feiner Grieß
- 100 ml klare Gemüsesuppe
- 200 ml kaltes Wasser
- Salz
- Muskat
- 10 ml Schlagobers (Sahne) zum Verfeinern

Zubereitung:
Alle Zutaten in den Topf geben und unter ständigem Rühren zu einem Brei einkochen. Bedenken Sie dabei, dass der Grieß beim Abkühlen noch deutlich nachziehen und somit fester werden kann. Mit Salz und Muskat abschmecken. Zum Schluss Schlagobers einrühren.

DESSERTS

WEICHSEL-TOPFEN-CREME

Zutaten für 2 Portionen:

- 250 g Topfen (Quark) (20 % F. i. T.)
- 200 g Naturjoghurt (1 % Fett)
- 50 g passierte Weichselkonfitüre
- Zucker oder Süßstoff nach Geschmack

Zubereitung:
Alle Zutaten glatt pürieren und bei Bedarf durch ein Sieb streichen.

TOPFEN-FRÜCHTETRAUM

Zutaten für 2 Portionen:

- 250 g Topfen (Quark) (20 % F. i. T.)
- 125 g Naturjoghurt (3,6 % Fett)
- 2 EL Staubzucker oder Süßstoff
- 50 g Himbeermark (ohne Kerne)
- Saft von 1 Zitrone

Zubereitung:
Topfen, Joghurt und Zucker bzw. Süßstoff pürieren und mit Zitronensaft abschmecken. In zwei Dessertschalen füllen. In die Mitte der Creme 2 EL Himbeermark geben und mit einem Stäbchen sternförmig zur Seite ziehen, sodass ein Muster entsteht.

HINWEIS: Sollte sich vom Himbeermark Flüssigkeit absetzen, muss es z. B. mit Andickungsmittel (aus der Apotheke) stabilisiert werden.

BANANENFRAPPÉ MIT BISKOTTEN

Zutaten für 1 Portion:

- 60 g Banane, klein geschnitten
- 2 Biskotten (Löffelbiskuits)
- 120 ml Milch

Zubereitung:
Biskotten zerkleinern, in der Milch ca. 10 Min. einweichen und gemeinsam mit der Banane pürieren. Bei Bedarf die Konsistenz anpassen.

STUFE 4: EXTREM DICKFLÜSSIGE GETRÄNKE (HONIG- BIS PUDDINGARTIG) UND BREIIG-PÜRIERTE KOST (DICKBREIIG)

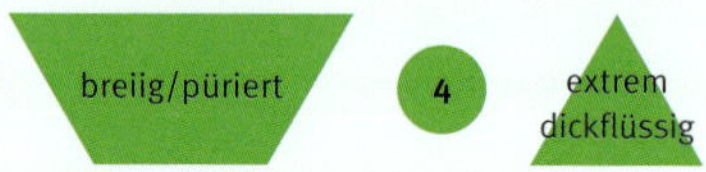

Nahrung dieser Konsistenz kann nicht mehr aus einer Tasse oder durch einen Strohhalm getrunken werden.

- Kann mit einem Löffel oder einer Gabel gegessen werden, ohne die Speise zerbeißen zu müssen;
- das Formen, Schichten und Aufspritzen der Lebensmittel zum Anrichten auf einem Teller ist möglich – die Konsistenz wird beibehalten;
- die Speise ist beim Herauskippen aus einem Gefäß langsam beweglich (aufgrund der Schwerkraft);
- fällt in einem Stück von einem gekippten Löffel und behält die Form auf dem Teller;
- die Nahrung ist klumpenfrei, nicht klebrig, und Flüssigkeiten dürfen sich nicht „absetzen“.

Geeignet für Personen mit ...

- sehr reduzierter Zungenkontrolle;
- Problemen oder Schmerzen beim Beißen oder Kauen;
- schlecht sitzender Prothese, fehlenden Zähnen.

Lebensmittelbeispiele für diese Konsistenzstufe

Lebensmittel	Beschaffenheit
Breinahrung	Fein pürierte Kost z. B. pürierte Fleischgerichte, dicklicher Getreidebrei

Ungeeignet:

Klumpen, Fasern, Stücke von Schalen oder Haut, Schalen von Hülsenfrüchten (Bohnen, Linsen etc.), Teilchen von Knorpeln oder Knochen sollen bei dieser Konsistenz in Speisen und Getränken nicht vorkommen. Das sorgfältige Pürieren der Speisen zu einer homogenen Masse ist notwendig.

Eine Möglichkeit zum Austesten, ob die Flüssigkeit bzw. die Speise der Stufe 4 entspricht, finden Sie im Anhang ab S. 170.

Wie gehe ich sicher, dass die Speise geeignet ist? Folgende Fragen sollten Sie mit „ja" beantworten können:

- Hinterlassen die Zinken einer Gabel ein klares Muster auf der Oberfläche des Lebensmittels?
- In der Speise/im Getränk sind keine Klumpen?
- Wenn Sie einen Bissen mit der Gabel aufnehmen, bleibt dieser darauf liegen bzw. fließt eventuell lediglich eine kleine Menge durch die Zinken und bildet unterhalb der Gabel einen „Zipfel"? Der Bissen fließt nicht kontinuierlich durch die Zinken?
- Wenn Sie eine kleine Menge mit dem Löffel aufnehmen, behält die Speise die Form? Wenn Sie den Löffel seitlich stark kippen, fließt sie wieder gut ab, sodass nur wenig Essen auf dem Löffel zurückbleibt? Ist die Probe somit nicht fest oder klebrig?
- Kann eine kleine Menge der Nahrung zwischen den Fingern gehalten werden? – Dabei gleitet die Textur sanft durch die Finger und hinterlässt einen spürbaren Rückstand.
- Behält die Speise am Teller ihre Form bzw. breitet sich diese nur leicht auf dem Teller aus?

REZEPTE STUFE 4

FRÜHSTÜCK UND KALTES ABENDESSEN

BREIKOST-BROT

Zutaten für 4 Portionen:

- 100 g Schwarzbrot (ohne Stücke von Kräutern, Gewürzen oder Körnern), entrindet und kleinwürfelig geschnitten
- 140 g *QimiQ Basis*
- 2 g Brotgewürz, fein gemahlen
- 20 g Sojasauce (extra dark)
- 130 g *QimiQ Whip*, aufgeschlagen

Material:

- Blech mit Backpapier

Zubereitung:
Brot mit *QimiQ Basis*, Sojasauce und Brotgewürz vermischen, zugedeckt ca. 30 Min. einweichen lassen und pürieren. Das aufgeschlagene *QimiQ Whip* unterheben. Die Masse in Form von Brotscheiben auf ein Blech mit Backpapier aufstreichen und tiefkühlen. Das Brot kann in tiefgekühltem Zustand mit verschieden Aufstrichen (Streichfett, glatter Aufstrich ohne feste Stücke oder Kräuter) bestrichen und vollständig aufgetaut bei Zimmertemperatur serviert werden.

EIERSCHAUM

Zutaten für 2 Portionen:

- 2 Eier, hart gekocht
- 100 ml Schlagobers (Sahne)
- 5 g glatter Estragon-Senf ohne Körner
- Salz
- 1 Prise Zucker
- evtl. *SPUMA instant*

Zubereitung:
Hart gekochte Eier klein schneiden und mit den restlichen Zutaten fein pürieren. Durch ein Sieb streichen, in die *iSi*®-Flasche füllen und aufschäumen. Mit *SPUMA instant* kann der Schaum bei Bedarf stabilisiert werden (Anwendung siehe Herstellerangaben).

TIPP: Der Eierschaum eignet sich nicht nur als Aufstrich, sondern auch separat als Eiweiß-Komponente zu pikanten Breien serviert.

BREIKOST-ZOPF

Zutaten für 4 Portionen:

- 100 g Striezel (Hefezopf)
- 100 ml Schlagobers (Sahne)
- 100 g *QimiQ Basis*
- 40 g Honig
- 2 g Vanillezucker
- 100 g *QimiQ Whip*, aufgeschlagen

Material:

- Blech mit Backpapier

Zubereitung:

Striezel mit *QimiQ Basis*, Schlagobers, Honig und Vanillezucker mixen und unter das aufgeschlagene *QimiQ Whip* heben. In Form von Zopfscheiben auf ein Blech mit Backpapier aufstreichen und tiefkühlen. Der Striezel kann in tiefgekühltem Zustand bestrichen (z.B. mit Streichfett, angedickter, passierter Marmelade, Frischkäse, homogenem Eiaufstrich) und vollständig aufgetaut bei Zimmertemperatur serviert werden.

HAUPTSPEISEN

FLEISCH- UND FISCHGERICHTE

GEFLÜGELSOUFFLÉ

Zutaten für 2 Portionen:

- 1 Ei, Dotter und Eiklar getrennt
- 1 Prise Salz
- 125 g Hühnerbrustfilet
- 50 ml kaltes Schlagobers (Sahne)
- 2 g Salz
- Butter und Mehl für die Förmchen, alternativ Trennspray

Béchamel:

- 10 g Butter
- 10 g glattes Mehl
- 100 ml kalte Vollmilch

Material:

- hitzebeständige Förmchen zum Garen

Zubereitung:

Hühnerfilet ganz klein schneiden und im Tiefkühler ca. 45 Min. anfrieren lassen. Förmchen mit Butter einstreichen und mit einer dünnen Schicht Mehl stauben. Überschüssiges Mehl gut ausklopfen. Béchamel zubereiten (siehe S. 86), jedoch nur kurz aufkochen und überkühlen lassen. Eiklar mit einer Prise Salz zu Schnee schlagen. Einen breiten Topf auf eine Höhe von ca. ⅔ der Förmchen mit Wasser füllen und zum Kochen bringen.

Das angefrorene Hühnerfilet mit 2 g Salz in einem Kutter oder einer Moulinette pürieren und nach und nach das Schlagobers zugeben. Es soll eine glatte, glänzende Masse entstehen. Streichen Sie die Farce bei Bedarf durch ein Sieb.

Farce mit Béchamel und Dotter gut verrühren, Schnee unterheben. In die Förmchen füllen und diese in das siedende Wasser stellen. Mit leicht versetztem Deckel zudecken – so läuft das Kondenswasser wieder in den Topf und nicht in die Förmchen. Die Masse ca. 40 Min. im Wasserbad garen. Auf den Teller stürzen und mit einer sehr dicken Sauce (ab S. 86) servieren.

TIPP: Variieren Sie die Farce geschmacklich mit Knoblauch und Kräutern. Kuttern Sie diese jedoch mit!

SCHINKENSOUFFLÉ

Zutaten für 2 Portionen:

- 1 Ei, getrennt
- 120 g Pressschinken
- 20 g Schlagobers (Sahne)
- 1 Prise Salz
- Butter und Mehl für die Förmchen, alternativ Trennspray

Béchamel:

- 10 g Butter oder Margarine
- 10 g glattes Mehl
- 100 ml kalte Vollmilch

Material:

- hitzebeständige Förmchen zum Garen

Zubereitung:

Eiklar mit einer Prise Salz zu Schnee schlagen. Förmchen mit Butter einstreichen und mit einer dünnen Schicht Mehl stauben. Überschüssiges Mehl gut ausklopfen. Béchamel zubereiten (siehe S. 86), jedoch nur kurz aufkochen lassen und beiseite stellen. Einen breiten Topf auf eine Höhe von ca. ⅔ der Förmchen mit Wasser füllen und zum Kochen bringen.

Pressschinken kleinwürfelig schneiden und mit Dotter und Schlagobers fein homogen pürieren. Masse durch ein Sieb streichen. Unter die Béchamel rühren und Schnee unterheben. In die Förmchen füllen und diese in das siedende Wasser stellen. Mit leicht versetztem Deckel zudecken – so läuft das Kondenswasser wieder in den Topf und nicht in die Förmchen. Die Masse ca. 40 Min. im Wasserbad garen. Auf den Teller stürzen und mit Beilagen (ab S. 92) servieren.

PUTENLEBERKÄSE-SOUFFLÉ

Zutaten für 2 Portionen:

- 200 g Putenleberkäse, pastenartig bzw. homogen gekuttert
- 1 Ei, aufgeschlagen
- Salz
- Butter und Mehl für die Förmchen, alternativ Trennspray

Béchamel:

- 20 g Butter oder Margarine
- 20 g glattes Mehl
- 60 ml kalte Vollmilch

Material:

- hitzebeständige Förmchen zum Garen

Zubereitung:

Einen breiten Topf auf eine Höhe von ca. ⅔ der Förmchen mit Wasser füllen und zum Kochen bringen. Förmchen ausfetten und mit Mehl stauben. Überschüssiges Mehl gut ausklopfen. Alternativ die Förmchen mit Trennspray besprühen.

Béchamel zubereiten (siehe S. 86). Nach dem ersten Aufkochen jedoch vom Herd nehmen und den gekutterten Leberkäse einrühren. Es muss eine homogene Masse entstehen; bei Bedarf pürieren bzw. passieren. Salzen und das geschlagene Ei unterheben. In die Förmchen füllen und diese in das siedende Wasserbad stellen. Mit leicht versetztem Deckel zudecken – so läuft das Kondenswasser wieder in den Topf und nicht in die Förmchen. Die Masse ca. 40 Min. im Wasserbad garen. Auf den Teller stürzen.

RINDFLEISCHSOUFFLÉ

Zutaten für 2 Portionen:

1 Ei, Dotter und Eiklar getrennt
1 Prise Salz
125 g Rindsschnitzelfleisch, doppelt faschiert
50 g kaltes Schlagobers (Sahne)
2 g Salz
1 Knoblauchzehe
Butter und Mehl für die Förmchen, alternativ Trennspray

Béchamel:

10 g Butter
10 g glattes Mehl
100 ml kalte Vollmilch
½ TL Senf
1 kleine Prise Pfeffer

Material:

hitzebeständige Förmchen zum Garen

Zubereitung:

Rinderfaschiertes im Tiefkühler ca. 45 Min. anfrieren lassen. Förmchen mit Butter einstreichen und mit einer dünnen Schicht Mehl stauben. Überschüssiges Mehl gut ausklopfen. Eiklar mit einer Prise Salz zu Schnee schlagen. Knoblauch schälen und pressen. Béchamel mit einer kleinen Prise Pfeffer und Senf zubereiten (siehe S. 86), jedoch nur kurz aufkochen und überkühlen lassen. Einen breiten Topf auf eine Höhe von ca. ⅔ der Förmchen mit Wasser füllen und zum Kochen bringen.

Das angefrorene Faschierte mit Salz und Knoblauch in einem Kutter oder einer Moulinette pürieren und nach und nach das Schlagobers zugeben. Es soll eine glatte, glänzende Masse entstehen. Streichen Sie die Farce durch ein Sieb.

Farce mit Béchamel und Dotter gut verrühren. Schnee unterheben. In die Förmchen füllen und diese in das siedende Wasser stellen. Mit leicht versetztem Deckel zudecken – so läuft das Kondenswasser wieder in den Topf und nicht in die Förmchen. Die Masse ca. 40 Min. im Wasserbad garen. Auf den Teller stürzen und mit Beilage und Sauce servieren.

LACHSSOUFFLÉ

Zutaten für 2 Portionen:

- 1 EL Olivenöl mit Zitronenaroma
- 125 g Lachsfilet
- 1 Ei
- Butter und Mehl für die Förmchen, alternativ Trennspray

Béchamel:

- 10 g Butter
- 10 g glattes Mehl
- 120 ml kalte Vollmilch
- 1 Knoblauchzehe
- Salz
- Muskat

Material:

- hitzebeständige Förmchen zum Garen

Zubereitung:

Förmchen mit Butter einstreichen und mit einer dünnen Schicht Mehl stauben. Überschüssiges Mehl gut ausklopfen. Einen breiten Topf auf eine Höhe von ca. 2/3 der Förmchen mit Wasser füllen und zum Kochen bringen.

Lachsmousse zubereiten (siehe S. 67) und in die überkühlte Masse das Ei einrühren. In die Förmchen füllen und diese in das siedende Wasser stellen. Mit leicht versetztem Deckel zudecken – so läuft das Kondenswasser wieder in Topf und nicht in die Förmchen. Die Masse ca. 40 Min. im Wasserbad garen. Auf Teller stürzen.

TIPP: Probieren Sie statt dem Lachsfilet doch einmal eine geräucherte Forelle.

EISTICH

Zutaten für 2 Portionen:

- 2 große Eier
- 100 ml Milch
- Salz
- Muskat
- Butter und Mehl für die Förmchen, alternativ Trennspray

Material:

- hitzebeständige Förmchen

Zubereitung:

Einen breiten Topf auf eine Höhe von ca. 2/3 der Förmchen mit Wasser füllen und zum Kochen bringen. Förmchen mit Butter einstreichen und mit einer dünnen Schicht Mehl stauben. Überschüssiges Mehl gut ausklopfen. Die Zutaten gut mixen, würzen, in die Förmchen gießen und diese in das siedende Wasser stellen. Mit leicht versetztem Deckel zudecken – so läuft das Kondenswasser wieder in den Topf und nicht in die Förmchen. Die Masse ca. 40 Min. im Wasserbad garen. Auf Teller stürzen.

TIPP: Schmeckt hervorragend zu Cremespinat mit Kartoffelpüree.

SCHWEINSBRATEN-SOUFFLÉ

Zutaten für 2 Portionen:

1 Ei, Dotter und Eiklar getrennt
1 Prise Salz
125 g Schweinsschnitzelfleisch, ganz oder doppelt faschiert
50 g kaltes Schlagobers (Sahne)
2 g Salz
1 Prise weißer Pfeffer
Butter und Mehl für die Förmchen, alternativ Trennspray

Béchamel:

10 g Butter
10 g glattes Mehl
100 ml kalte Vollmilch
1 Knoblauchzehe
Kümmel, gemahlen

Material:

hitzebeständige Förmchen zum Garen

Zubereitung:

Klein geschnittenes Schweinsschnitzelfleisch bzw. Faschiertes im Tiefkühler ca. 1 Stunde anfrieren lassen. Förmchen mit Trennspray besprühen oder ausbuttern und mit Mehl bestauben (eventuelle Mehlreste gut ausklopfen). Eiklar mit einer Prise Salz zu Schnee schlagen. Knoblauch schälen und pressen. Béchamel zubereiten (siehe S. 86), jedoch nur kurz aufkochen lassen. Mit Knoblauch, Kümmel und einer Prise Salz würzen und überkühlen lassen.

Einen breiten Topf auf eine Höhe von ca. ⅔ der Förmchen mit Wasser füllen und zum Kochen bringen. Das angefrorene Fleisch mit Salz und einer Prise weißem Pfeffer in einem Kutter oder einer Moulinette pürieren und nach und nach das Schlagobers zugeben. Es soll eine glatte, glänzende Masse entstehen. Streichen Sie die Farce bei Bedarf durch ein Sieb.

Nun die Farce mit Béchamel und Dotter gut verrühren. Schnee unterheben. In die Förmchen füllen und diese in das siedende Wasser stellen. Mit leicht versetztem Deckel zudecken – so läuft das Kondenswasser wieder in den Topf und nicht in die Förmchen. Die Masse ca. 40 Min. im Wasserbad garen. Auf Teller stürzen und mit einer sehr dicken Sauce (ab S. 86) servieren.

SAUCEN

WICHTIG! Im Allgemeinen wird für Saucen eine sehr dickflüssige Konsistenz empfohlen. Sollte Ihre persönliche Vorgabe davon abweichen, so passen Sie die Konsistenz bitte entsprechend Ihrer ärztlichen bzw. logopädischen Empfehlung an! Lesen Sie hierzu unsere Empfehlungen zur Konsistenzanpassung auf S. 36.

BÉCHAMEL – BASISREZEPT

Zutaten für 2 Portionen:

- 25 g Butter, Margarine oder Rapsöl
- 25 g glattes Mehl
- 300 ml kalte Vollmilch
- 25 ml Schlagobers (Sahne)

Zubereitung:
Fett erwärmen und das Mehl darin glatt rühren. Nur nach und nach mit der kalten Milch aufgießen und dabei ständig rühren, bis sich das Fett-Mehl-Gemisch vollständig gelöst hat. Auf kleiner Flamme unter ständigem Rühren ca. 5 Min. kochen. Bei Klümpchenbildung durch ein Sieb streichen. Mit Obers verfeinern. Bei Bedarf die Konsistenz anpassen.

TIPP: Dieses Rezept eignet sich als Basis für Saucen und Bindungen. Vor dem Pürieren bzw. Passieren einfach mit Gewürzen und unterschiedlichen Zutaten abwandeln! Die Fettmenge bei Bedarf reduzieren.

WALDVIERTLER BRATENSAFT

Zutaten für 2 Portionen:

- 15 g Maisstärke
- 100 ml kaltes Wasser
- ½ Zwiebel, gehackt
- 150 g Suppengrün, geputzt und kleinwürfelig geschnitten
- 15 g Rapsöl
- 200 ml Gemüsesuppe oder Schweinebratensaft
- 1 Knoblauchzehe, gepresst, oder Knoblauchgranulat
- ½ TL Kümmel, gemahlen
- evtl. Salz

Zubereitung:
Maisstärke in kaltem Wasser glatt rühren. Zwiebel und Suppengrün in Rapsöl anrösten und mit Gemüsesuppe oder Schweinebratensaft aufgießen. Gepressten Knoblauch und gemahlenen Kümmel einrühren und ca. 15 Min. auf kleiner Flamme kochen. Maisstärke-Wasser-Gemisch unterrühren und erneut 5 Min. dickflüssig einkochen. Die Sauce abschmecken und pürieren.

GULASCHSAFT

Zutaten für 2 Portionen:

- 20 g Rapsöl
- 1 große Zwiebel
- 25 g glattes Mehl
- 1 EL edelsüßes Paprikapulver
- 1 TL Essig
- 300 ml klare, kalte Rindsuppe
- 1 TL Tomatenmark
- 1 Knoblauchzehe, gepresst, oder Knoblauchgranulat
- ½ TL Kümmel, gemahlen
- 1 TL frischer Majoran, gehackt
- evtl. Salz

Zubereitung:
Zwiebel kleinwürfelig schneiden, in Rapsöl anrösten, mit Mehl stauben, paprizieren und Tomatenmark unterrühren. Mit Essig ablöschen und unter ständigem Rühren nach und nach mit der kalten Rindsuppe aufgießen. Gepressten Knoblauch und Gewürze einrühren und ca. 10 Min. auf kleiner Flamme sehr dickflüssig einkochen. Die Sauce abschmecken und pürieren. Bei Bedarf die Konsistenz anpassen.

DILLSAUCE

Zutaten für 2 Portionen:

- 15 g glattes Mehl
- 100 ml kaltes Wasser
- 2 EL Sauerrahm (saure Sahne)
- 15 g Olivenöl mit Zitronenaroma
- ½ Zwiebel
- 200 ml klare Gemüsesuppe
- 2 EL Dill, gehackt
- 15 g Kartoffelflocken
- evtl. Zitronensaft
- Salz

Zubereitung:
Mehl mit kaltem Wasser und Sauerrahm glatt rühren. Zwiebel würfelig schneiden, in Olivenöl anschwitzen und mit Gemüsesuppe aufgießen. Gehackten Dill zugeben und ca. 5 Min. auf kleiner Flamme zugedeckt kochen. Mehl-Wasser-Rahm-Gemisch unterrühren und erneut 10 Min. zugedeckt kochen, dabei immer wieder umrühren. Kartoffelflocken einrühren und 5 Min. ziehen lassen. Die Sauce mit Zitronensaft und Salz abschmecken und pürieren.

TIPP: Die Sauce passt sehr gut zu Fischgerichten.

TOMATENSAUCE

Zutaten für 2 Portionen:

- 15 g Butter
- 25 g glattes Mehl
- 2 gehäufte EL Tomatenmark
- 1 TL Zucker
- 300 ml klare, kalte Gemüsesuppe

Zubereitung:
Mehl in Butter anschwitzen und unter ständigem Rühren nach und nach mit klarer Gemüsesuppe aufgießen. Rühren, bis sich das Butter-Mehl-Gemisch vollständig gelöst hat. Tomatenmark und Zucker zugeben und sehr dickflüssig einkochen. Bei Klümpchenbildung die Sauce passieren und nötigenfalls die Konsistenz anpassen.

RAHMSAUCE

Zutaten für 2 Portionen:

- 100 g Suppengrün
- 200 ml Gemüse-, Kalbs-, Rinds- oder Hühnerfond (-suppe)
- 100 ml kaltes Wasser
- 20 g Maisstärke
- 2 EL Sauerrahm (saure Sahne)
- evtl. Salz

Zubereitung:
Für die Bindung die Maisstärke mit kaltem Wasser und Sauerrahm glatt rühren. Suppengrün waschen und klein schneiden. Im Fond weich kochen und pürieren. Bindung unter ständigem Rühren untermengen und ca. 5 Min. auf kleiner Flamme sehr dickflüssig einkochen. Bei Klümpchenbildung die Sauce passieren. Bei Bedarf die Konsistenz anpassen.

ESTRAGONSAUCE

Zutaten für 2 Portionen:

- 15 g Rapsöl
- 30 g glattes Mehl
- 300 ml klare, kalte Gemüse- oder Rindssuppe
- ¼ Bund frischer Estragon
- 1 TL Estragon-Senf (ohne Körner)
- 10 ml Schlagobers (Sahne)
- etwas Salz
- evtl. Honig

Zubereitung:
Estragonblätter fein hacken. Mehl in Rapsöl anschwitzen und unter ständigem Rühren nach und nach mit klarer Gemüse- oder Rindssuppe aufgießen. Rühren, bis sich das Öl-Mehl-Gemisch vollständig gelöst hat. Gehackten Estragon und Estragon-Senf zugeben und die Sauce unter ständigem Rühren sehr dickflüssig einkochen. Anschließend die Sauce pürieren. Mit Salz und evtl. Honig abschmecken und mit Schlagobers abrunden. Bei Bedarf die Konsistenz anpassen.

PAPRIKAHUHN-SAUCE

Zutaten für 2 Portionen:

- 25 g Maisstärke
- 100 ml kaltes Wasser
- 2 EL Sauerrahm (saure Sahne)
- 15 g Rapsöl
- 1 kleine Zwiebel
- 1 rote Paprikaschote
- 1 EL edelsüßes Paprikapulver
- 1 gehäufter TL Tomatenmark
- 300 ml klare, kalte Hühnersuppe
- 1 Knoblauchzehe, gepresst, oder Knoblauchgranulat
- evtl. Salz

Zubereitung:

Maisstärke mit kaltem Wasser und Sauerrahm glatt rühren. Zwiebel und Paprika würfelig schneiden, im Rapsöl anrösten, paprizieren und Tomatenmark unterrühren. Mit Hühnersuppe aufgießen, Knoblauch einrühren und ca. 5 Min. auf kleiner Flamme zugedeckt kochen. Mehl-Wasser-Rahm-Gemisch unterrühren und erneut 10 Min. sehr dickflüssig einkochen. Die Sauce mit Salz abschmecken, pürieren und bei Bedarf passieren.

EXOTISCHE MANGO-CURRY-SAUCE

Zutaten für 2 Portionen:

- 1 EL Rapsöl
- 1 kleine Zwiebel, gehackt
- 1 EL Mehl
- 1 rote Paprikaschote
- 100 g Mangofruchtfleisch oder -püree
- 250 ml Gemüsesuppe
- 1 TL Zucker
- ½ TL Curry der Geschmacksrichtung Madras
- ½ TL Kurkuma
- 1 Msp. Ingwer, gemahlen
- 1 EL Limettensaft

Zubereitung:

Einen Topf mit Wasser zum Kochen bringen. Paprika waschen und für ca. 2 Minuten ins kochende Wasser einlegen. In Eiswasser abschrecken und schälen.

Zwiebel in Rapsöl anrösten. Paprika würfelig schneiden und zugeben, Mango ebenfalls zugeben und mitrösten. Zucker hinzufügen und unter ständigem Rühren karamellisieren. Mit Mehl stauben und mit Gemüsesuppe aufgießen. Gewürze und Limettensaft zugeben. Etwa 15 Min. unter ständigem Rühren bei kleiner Flamme dickflüssig einkochen. Die Sauce abschmecken und pürieren.

TIPP: Verfeinern Sie die Sauce mit einem Schuss Kokosmilch oder etwas Kokoscreme. Die Sauce passt sehr gut zu Fleisch- und Fischgerichten, aber auch zu vegetarischen Speisen.

KÄSESAUCE

Zutaten für 2 Portionen:

- 3 Scheiben Toastkäse
- Salz oder Suppenwürze
- Muskat
- 25 ml Schlagobers (Sahne)

Béchamel:

- 15 g Rapsöl, Butter oder Margarine
- 15 g glattes Mehl
- 250 ml kalte Vollmilch

Zubereitung:
Béchamel zubereiten (siehe S. 86). Toastkäse unterrühren und darin schmelzen. Mit Salz oder etwas Suppenwürze sowie Muskat abschmecken. Die Sauce bei Bedarf passieren und Schlagobers unterrühren.

ZITRONENSAUCE

Zutaten für 2 Portionen:

- 1 unbehandelte Zitrone
- Salz oder Suppenwürze
- 25 ml Schlagobers (Sahne)

Béchamel:

- 15 g Olivenöl
- 15 g glattes Mehl
- 300 ml kalte Vollmilch

Zubereitung:
Die Zitrone waschen und Schale abreiben. Béchamel aus Öl, Mehl und Vollmilch zubereiten (siehe S. 86) und abgeriebene Schale mitkochen lassen. Mit Salz oder etwas Suppenwürze abschmecken. Die Sauce durch ein Sieb streichen und das Schlagobers unterrühren. Mit Zitronensaft abschmecken.

TIPP: Für noch mehr mediterranes Aroma kochen Sie in der Béchamel einen Zweig Rosmarin mit und nehmen diesen vor dem Passieren heraus. Die Sauce schmeckt sehr gut zu Fischgerichten.

TSATSIKI

Zutaten für 2 Portionen:

- 250 g griechischer Joghurt (10 % F. i. T.)
- 200 g Gurke
- Knoblauch, gepresst, oder Granulat
- 1 EL kalt gepresstes Olivenöl
- Salz

Zubereitung:
Die Gurke waschen, schälen, entkernen und fein reiben. Salzen und ca. 1 Stunde kühl stellen. Die geriebene Gurke gut ausdrücken und mit den restlichen Zutaten pürieren. Bei Bedarf die Konsistenz anpassen.

BEILAGEN

PIKANTER GRIESS

Zutaten für 1 Portion:

- 30 g feiner Grieß
- 100 ml klare, kalte Gemüsesuppe
- 150 ml kaltes Wasser
- Salz
- Muskat
- 1 EL Gervais oder 10 ml Schlagobers (Sahne) zum Verfeinern
- Butter zum Ausfetten des Förmchens

Zubereitung:
Schälchen mit Butter einfetten. Grieß, Gemüsesuppe und Wasser in einen Topf geben und unter ständigem Rühren zu Brei einkochen. Bedenken Sie dabei, dass der Grieß beim Abkühlen noch deutlich nachziehen und somit fester werden kann. Mit Salz und Muskat abschmecken. Zum Schluss Schlagobers einrühren. In das Schälchen füllen und ca. 10 Min. zugedeckt nachziehen lassen. Auf den Hauptspeisenteller stürzen.

KAROTTENSOUFFLÉ

Zutaten für 2 Portionen:

- 140 g Karotten, klein geschnitten
- Salz
- evtl. 1 TL Zucker
- 1 großes Ei, Dotter und Eiklar getrennt
- Butter oder Trennspray für die Förmchen

Béchamel:

- 20 g Butter oder Margarine
- 20 g glattes Mehl
- 100 ml Vollmilch
- 20 ml Schlagobers (Sahne)

Material:

- hitzebeständige Förmchen

Zubereitung:
Schälchen ausfetten. Eiklar mit etwas Salz zu Schnee schlagen. Karotten weich kochen, anschließend würzen und pürieren. Béchamel zubereiten (siehe S. 86) und überkühlen lassen.

Einen breiten Topf auf eine Höhe von ca. 2/3 der Förmchen mit Wasser füllen und zum Kochen bringen. Karottenpüree und Dotter unter die Béchamel rühren und den Schnee vorsichtig unterheben. In die Förmchen füllen und diese in das siedende Wasser stellen. Mit leicht versetztem Deckel zudecken – so läuft das Kondenswasser wieder in den Topf und nicht in die Förmchen. Die Masse ca. 40 Min. im Wasserbad garen.

BROKKOLISOUFFLÉ

Zutaten für 2 Portionen:

- 120 g Brokkoli (tiefgekühlt)
- 1 großes Ei, Dotter und Eiklar getrennt
- Salz
- Butter oder Trennspray zum Ausfetten der Förmchen

Béchamel:

- 20 g Butter oder Margarine
- 20 g glattes Mehl
- 100 ml Vollmilch
- 20 ml Schlagobers (Sahne)

Material:

- hitzebeständige Förmchen

Zubereitung:

Die Förmchen ausfetten. Eiklar mit etwas Salz zu Schnee schlagen. Brokkoli dünsten, pürieren und bei Bedarf passieren. Béchamel zubereiten (siehe S. 86) und überkühlen lassen.

Einen breiten Topf auf eine Höhe von ca. ⅔ der Förmchen mit Wasser füllen und zum Kochen bringen. Pürierten Brokkoli und Dotter unter die Béchamel rühren und den Schnee vorsichtig unterheben. In die Förmchen füllen und diese in das siedende Wasser stellen. Mit leicht versetztem Deckel zudecken – so läuft das Kondenswasser wieder in den Topf und nicht in die Förmchen. Die Masse ca. 40 Min. im Wasserbad garen. Auf einen Teller stürzen.

GEMÜSESOUFFLÉ

Zutaten für 2 Portionen:

- 120 g Mischgemüse (tiefgekühlt)
- 1 großes Ei, Dotter und Eiklar getrennt
- Salz
- Butter oder Trennspray zum Ausfetten der Förmchen

Béchamel:

- 20 g Butter oder Margarine
- 20 g glattes Mehl
- 100 ml Vollmilch
- 20 ml Schlagobers (Sahne)

Material:

- hitzebeständige Förmchen

Zubereitung:

Eiklar mit etwas Salz zu Schnee schlagen. Mischgemüse sehr weich dämpfen, salzen, pürieren und passieren. Béchamel zubereiten (siehe S. 86) und überkühlen lassen.

Einen breiten Topf auf eine Höhe von ca. ⅔ der Förmchen mit Wasser füllen und zum Kochen bringen. Förmchen ausfetten. Püriertes Mischgemüse und Dotter unter die Béchamel rühren. Den Schnee vorsichtig unterheben. In die Förmchen füllen und diese in das siedende Wasser stellen. Mit leicht versetztem Deckel zudecken – so läuft das Kondenswasser wieder in den Topf und nicht in die Förmchen. Die Masse ca. 40 Min. im Wasserbad garen.

SPINATSOUFFLÉ

Zutaten für 2 Portionen:

- 120 g passierter Spinat (tiefgekühlt)
- Salz
- evtl. Knoblauchgranulat
- 1 großes Ei, Dotter und Eiklar getrennt
- Butter oder Trennspray für die Förmchen

Béchamel:

- 20 g Butter oder Margarine
- 20 g glattes Mehl
- 100 ml Vollmilch
- 20 ml Schlagobers (Sahne)

Material:

- hitzebeständige Förmchen

Zubereitung:

Eiklar mit einer Prise Salz zu Schnee schlagen. Förmchen ausfetten. Béchamel zubereiten (siehe S. 86) und überkühlen lassen.

Einen breiten Topf auf eine Höhe von ca. 2/3 der Förmchen mit Wasser füllen und zum Kochen bringen. Aufgetauten, passierten Spinat und Dotter unter die Béchamel rühren. Den Schnee vorsichtig unterheben und mit den Gewürzen abschmecken. In die Förmchen füllen und diese in das siedende Wasser stellen. Mit leicht versetztem Deckel zudecken – so läuft das Kondenswasser wieder in den Topf und nicht in die Förmchen. Die Masse ca. 40 Min. im Wasserbad garen.

EIERNUDELFLAN

Zutaten für 2 Portionen:

- 40 g Nudeln (z. B. Fleckerln oder Farfalle)
- 2 Eier
- 50 ml Schlagobers (Sahne)
- 25 ml Milch
- Salz
- Butter und Mehl für die Förmchen

Material:

- hitzebeständige Förmchen

Zubereitung:

Förmchen ausfetten und mit Mehl stauben. Überschüssiges Mehl gut ausklopfen. Alternativ innen mit Trennspray besprühen. Schlagobers mit den Eiern verquirlen.

Nudeln in Salzwasser sehr weich kochen, abschrecken und mit der Milch pürieren. Bei Bedarf durch ein Sieb streichen. Schlagobers-Eier-Mischung mit einem Schneebesen unter die Masse rühren.

Einen breiten Topf auf eine Höhe von ca. 2/3 der Förmchen mit Wasser füllen und zum Kochen bringen. Die Masse in die Förmchen füllen und diese in das siedende Wasser stellen. Mit leicht versetztem Deckel zudecken – so läuft das Kondenswasser wieder in den Topf und nicht in die Förmchen. Die Masse ca. 40 Min. im Wasserbad garen. Auf einen Teller stürzen.

REISFLAN

Zutaten für 2 Portionen:

- 160 ml kaltes Wasser
- 45 g Reismehl
- 45 g Gervais
- 10 g Rapsöl
- 1 Ei, verquirlt
- Salz
- Butter und Mehl für die Förmchen, alternativ Trennspray

Material:

- hitzebeständige Förmchen

Zubereitung:

Einen breiten Topf auf eine Höhe von ca. ²/₃ der Förmchen mit Wasser füllen und zum Kochen bringen. Förmchen ausfetten und mit Mehl stauben. Überschüssiges Mehl gut ausklopfen. Alternativ innen mit Trennspray besprühen.

Das kalte Wasser in einen Topf gießen und das Reismehl glatt einrühren. Unter ständigem Rühren langsam erhitzen, bis das Reismehl zu binden beginnt. Sofort von der Hitze nehmen und gut glatt rühren. Anschließend den Gervais einrühren (eventuell vorhandene Klümpchen lösen sich dadurch auf), dann das Öl und zuletzt das Ei sowie Salz unterrühren. In die Förmchen füllen und diese in das siedende Wasser stellen. Mit leicht versetztem Deckel zudecken. So läuft das Kondenswasser wieder in den Topf und nicht in die Förmchen. Die Masse ca. 40 Min. im Wasserbad garen. Auf einen Teller stürzen.

SEMMELKNÖDEL-FLAN

Zutaten für 2 Portionen:

- 200 ml warme Vollmilch
- 1 Ei
- 30 g Gervais
- 100 g Semmelwürfel
- Salz
- Butter zum Ausfetten der Förmchen, alternativ Trennspray

Material:

- hitzebeständige Förmchen

Zubereitung:

Förmchen ausfetten. Semmelwürfel in warmer Vollmilch ca. 30 Min. einweichen.

Einen breiten Topf auf eine Höhe von ca. ²/₃ der Förmchen mit Wasser füllen und zum Kochen bringen. Die eingeweichten Semmelwürfel pürieren bzw. passieren. Mit Ei, Gervais und etwas Salz mixen. Masse in die Förmchen füllen und diese in das Wasserbad stellen. Mit leicht versetztem Deckel zudecken – so läuft das Kondenswasser wieder in den Topf und nicht in die Förmchen. Die Masse ca. 40 Min. im Wasserbad garen. Auf einen Teller stürzen.

POLENTA

Zutaten für 1 Portion:

30 g Instant-Polenta, alternativ feiner Maisgrieß
150 ml Wasser
100 ml klare, kalte Gemüsesuppe
1 TL geriebener Parmesan
Salz
1 TL Gervais
10 ml Schlagobers (Sahne) zum Verfeinern
Butter zum Ausfetten des Förmchens

Material:

hitzebeständiges Förmchen

Zubereitung:
Schälchen mit Butter einfetten. Polenta, Wasser, Gemüsesuppe und Parmesan in den Topf geben und unter ständigem Rühren ca. 3–5 Min. zu einem Brei einkochen. Bedenken Sie dabei, dass die Polenta beim Abkühlen noch deutlich nachzieht und somit fester werden kann. Brei mit Salz abschmecken. Zum Schluss mit Gervais und Schlagobers verfeinern. In das Schälchen füllen und ca. 10 Min. zugedeckt nachziehen lassen. Auf den Hauptspeisenteller stürzen.

SÜSSE HAUPTSPEISEN

GRIESS-TOPFENSOUFFLÉ

Zutaten für 2 Portionen:

- 75 g Grieß
- 40 g Staubzucker
- 500 ml Topfen (Quark) 20 % F. i. T.
- 1 Pkg. Vanillezucker
- 2 große Eier, Dotter und Eiklar getrennt
- Saft von ½ Zitrone
- 1 Prise Salz
- Butter für die Form

Material:

- hitzebeständige Förmchen

Zubereitung:

Einen breiten Topf auf eine Höhe von ca. ⅔ der Förmchen mit Wasser füllen und zum Kochen bringen. Förmchen ausfetten. Eiklar mit einer Prise Salz zu Schnee schlagen. Dotter, Topfen, Zitronensaft, Staub- und Vanillezucker gut mixen. Schnee und Grieß abwechselnd unterheben. Die Masse in die Förmchen füllen und diese in das siedende Wasserbad stellen. Mit leicht versetztem Deckel zudecken – so läuft das Kondenswasser wieder in den Topf und nicht in die Förmchen. Die Masse ca. 40 Min. im Wasserbad garen.

TIPP: Mit bei Bedarf stabilisiertem (gegen das Absetzen von Flüssigkeit) bzw. angedicktem Fruchtmus (ohne Stücke bzw. Kerne) servieren.

APFELMUSAUFLAUF

Zutaten für 4 Portionen:

- 50 g Butter
- 100 g Staubzucker
- 2 Eier, getrennt
- 200 g Weißbrot
- 100 g Apfelmus
- 250 ml Vollmilch
- 10 g feiner Grieß (z. B. Himmeltau Kindergrieß)
- 1 Pkg. Vanillezucker
- ½ TL Zimt, gemahlen
- Butter zum Ausstreichen der Auflaufform

Material:

- hitzebeständige Förmchen

Zubereitung:

Einen breiten Topf auf eine Höhe von ca. ⅔ der Förmchen mit Wasser füllen und zum Kochen bringen. Förmchen ausfetten. Eiklar zu Schnee schlagen. Weißbrot in Milch ca. 10 Min. einweichen und passieren.

Dotter, weiche Butter, Staubzucker, Vanillezucker und Zimt ca. 10 Min. schaumig rühren. Passiertes Weißbrot, Apfelmus und Grieß unterrühren. Schnee unterheben. In die Förmchen füllen und diese in das siedende Wasser stellen. Mit leicht versetztem Deckel zudecken – so läuft das Kondenswasser wieder in den Topf und nicht in die Förmchen. Die Masse ca. 40 Min. im Wasserbad garen.

TIPP: Mit Vanillesauce oder stabilisiertem (gegen das Absetzen von Flüssigkeit) bzw. angedicktem Apfelmus servieren. Achten Sie auch hier auf die richtige Konsistenz!

DESSERTS

MASCARPONECREME MIT ERDBEEREN

Zutaten für 2 Portionen:

- 250 g Mascarpone
- 3 EL Staubzucker
- 250 ml Schlagobers (Sahne)
- 1 Pkg. Sahnesteif
- ½ TL Vanillepaste oder 1 Pkg. Vanillezucker
- 125 ml passiertes Erdbeermark ohne Kerne – evtl. mit Andickungsmittel stabilisiert (gegen das Absetzen von Flüssigkeit) bzw. entsprechend angedickt

Zubereitung:
Das Schlagobers mit dem Sahnesteif aufschlagen und ein Viertel davon in einen Spritzsack füllen. Mascarpone mit dem Staubzucker und der Vanillepaste cremig rühren und das restliche Obers gleichmäßig unterheben. Abwechselnd mit dem Erdbeermark in ein Glas schichten und mit Schlagobershaube dekorieren.

MARZIPANPUDDING

Zutaten für 2 Portionen:

- 100 g grünes Marzipan (oder Marzipan sowie etwas grüne Lebensmittelfarbe)
- 2 EL Amaretto (Mandellikör)
- 500 ml Milch
- 30 g Maisstärke
- 1 Pkg. Vanillezucker
- Zucker nach Bedarf
- Schlagobers (Sahne) nach Belieben

Zubereitung:
Marzipan klein schneiden. Stärke in ca. 100 ml kalter Milch lösen. Restliche Milch mit dem Vanillezucker und dem Amaretto wärmen und das Marzipan darin auflösen (benötigt ca. 10 Min.). Die Stärkemischung unter ständigem Rühren zugeben und ca. 1 Min. auf kleiner Flamme kochen. Eventuell mit Zucker nachsüßen – diesen gut verrühren, bis er vollständig gelöst ist. In Schüsseln füllen, mit Folie abdecken, auskühlen lassen und kalt stellen. Mit einer Obershaube servieren.

GRIESSPUDDING

Zutaten für 2 Portionen:

- 300 ml Milch
- 35 g Grieß
- 10 g Zucker oder Süßstoff nach Bedarf
- ½ Pkg. Vanillezucker

Zubereitung:
Alle Zutaten unter ständigem Rühren ca. 5 Min. auf kleiner Flamme kochen. In Schüsseln füllen, mit Folie abdecken, auskühlen lassen und kalt stellen.

TIPP: Schmeckt besonders gut mit homogenen Fruchtsaucen, aber auch mit eingerührtem Zimt.

HOLUNDERBLÜTENCREME

Zutaten für 2 Portionen:

- 125 g Topfen (Quark) 20 % F. i. T.
- 2 EL Holundersirup
- 125 ml Schlagobers (Sahne), aufgeschlagen
- etwas Zitronensaft

Zubereitung:
Topfen mit dem Sirup glatt mixen. Den Zitronensaft und das geschlagene Obers unterheben und servieren.

VANILLE-WEINCREME

Zutaten für 4 Portionen:

- 250 ml Vollmilch
- 2 EL Zucker
- 20 g Vanillepuddingpulver
- 125 ml Weißwein
- 125 ml Schlagobers (Sahne), aufgeschlagen

Zubereitung:
Einen Vanillepudding zubereiten (siehe Rezept Vanillesauce, S. 129) und kalt stellen. Den gekühlten Pudding mit einem Stabmixer gut durchmixen und unter ständigem Rühren Weißwein dazugießen. Zum Schluss das aufgeschlagene Obers unterheben. In Förmchen füllen und ca. 1 Stunde kühl stellen.

SACHERCREMETORTE

Zutaten für 14 Portionen (Tortendurchmesser 24 cm):

- 400 g Schokoladenkuchen
- 150 ml Milch
- 50 g Kochschokolade
- 250 g *QimiQ Basis*
- 50 g passierte Marillenmarmelade ohne Fruchtstückchen
- 2 g Rum
- 250 g *QimiQ Whip*

Glasur:

- 50 g Kochschokolade
- 20 g Honig
- 50 ml Schlagobers (Sahne)

Material:

- 24-cm-Tortenspringform

Zubereitung:
Schokoladenkuchen sehr klein schneiden und in einer Rührschüssel mit Milch einweichen. Die Kochschokolade im Wasserbad schmelzen, über die Kuchenwürfel gießen und gut vermengen. *QimiQ Basis* mit Marillenmarmelade und Rum glatt rühren und ebenfalls unter die Masse heben. Glatt pürieren und ca. 1 Std. im Kühlschrank kalt stellen. *QimiQ Whip* aufschlagen und unter die Masse heben. In eine 24-cm-Tortenspringform streichen und im Kühlschrank für eine weitere halbe Stunde kalt stellen.

Für die Glasur die Kochschokolade hacken. Schlagobers mit Honig über Wasserdampf erwärmen und die Kochschokolade vollständig darin schmelzen. Die Torte glasieren und im Kühlschrank aufbewahren.

SCHOKO-MINZE-PUDDING

Zutaten für 4 Portionen:

- 70 g Kochschokolade
- 500 ml Milch
- 35 g Maisstärke
- 15 g Zucker oder Süßstoff
- 3 Beutel Pfefferminztee

Zubereitung:
Die Schokolade klein schneiden oder brechen. Die Stärke in 100 ml kalter Milch lösen. Restliche Milch erwärmen und den Tee ca. 5 Min. darin ziehen lassen. Die Beutel aus der Milch nehmen und nun Schokolade und Zucker in der warmen Milch vollständig schmelzen bzw. auflösen. Die Schokoladenmilch erhitzen, bis sie aufkocht. Nun die Stärkemischung einrühren und ca. 1 Min. auf kleiner Flamme unter ständigem Rühren kochen. In Schüsseln füllen, mit Folie abdecken (damit sich keine Haut bilden kann), auskühlen lassen und kalt stellen. Wurde auf das Abdecken vergessen, dann vor dem Servieren einfach die Haut von der Oberfläche entfernen.

STUFE 5: ZERKLEINERT UND DURCHFEUCHTET

zerkleinert & durchfeuchtet 5

Dies sind cremige, weiche Speisen, die ausschließlich mit dem Löffel oder der Gabel gegessen werden können. Die Konsistenz sollte homogen sein mit kleinen (max. 4 mm breit und 1,5 cm lang), weichen, saftigen Stücken. Es sollte sich keine Flüssigkeit absondern. Formschönes Anrichten am Teller ist möglich.

- Es ist kein Zerbeißen der Nahrung nötig;
- es ist nur minimales Kauen erforderlich;
- die Speisen können mit der Zunge leicht zerdrückt werden.

Geeignet für Personen mit ...

- Schmerzen im Mundbereich;
- Ermüdungserscheinungen beim Kauen;
- fehlenden Zähnen, schlecht sitzenden Prothesen.

Der Speiseplan erweitert sich auf

Lebensmittel	Beschaffenheit
Brot	Passiertes, zerkleinertes, vorgequelltes Brot („Schluckkostbrot"); handelsübliches Brot ist weiterhin nicht geeignet
Getreide	Sehr dick und cremig, grießig; kleine, weiche Klumpen (die durch die Zinken einer Gabel passen) sind erlaubt, es darf sich keine Flüssigkeit absetzen
Fleisch	Hackfleisch (passt durch die Zinken einer Gabel) in sehr dickflüssigem Saft oder weiterhin püriert; es darf keine Flüssigkeit austreten
Fisch	Zerdrückte Stücke (passen durch die Zinken einer Gabel) in sehr dickflüssigem Saft; es darf keine Flüssigkeit austreten; unbedingt grätenfrei!
Gemüse	Gestampft, faschiert oder sehr klein geschnitten (passt durch die Zinken einer Gabel) mit sehr weicher Konsistenz, ohne austretende Flüssigkeit
Obst	Fruchtfleisch mit der Gabel zerdrückt, ohne Kerne, ohne Schale und ohne austretenden Saft

Ungeeignet:

Bei gemischten Konsistenzen sowie bei körnigen (z. B. auch Beeren, Korngebäck), faserigen und panierten Speisen sowie Speisen mit Schalenanteilen (z. B. Hülsenfrüchten, Vollkornprodukten) oder harter Kruste an der Oberfläche (Aufläufe, Gebratenes) ist weiterhin Vorsicht geboten! Diese Speisen sollten daher nicht gegessen werden!

Wie gehe ich sicher, dass die Speise geeignet ist? Folgende Fragen sollten Sie mit „ja“ beantworten können:

- Lässt sich die Speise leicht und mit wenig Druck durch eine Gabel drücken?
- Lässt sich ein Bissen mit einer Gabel hochnehmen und rinnt nicht durch die Zinken?
- Wenn Sie einen Bissen mit dem Löffel aufnehmen, behält er seine Konsistenz? Wenn Sie den Löffel zur Seite neigen, gleitet der Bissen wieder gut ab, sodass kaum Rückstände auf dem Löffel verbleiben?
- Kann die Speise mit den Fingern gehalten werden? Sind die kleinen Stückchen der Speise weich genug, um zwischen zwei Fingern zerdrückt zu werden? Fühlt sich die Speise zwischen den Fingern feucht an?

Eine Möglichkeit, um auszutesten, ob die Speise der Stufe 5 entspricht, finden Sie im Anhang ab S. 170.

REZEPTE STUFE 5

SCHLUCKKOSTBROT

Zutaten für 2 Scheiben:

- 2 Scheiben Brot (ohne Körner, feste Stücke oder grobe Gewürze), sehr klein geschnitten (max. 4 mm)
- Wasser
- etwas Brotgewürz, fein gemahlen
- 1 Msp. Salz

Zubereitung:

Die Brotscheiben entrinden und in 4 mm kleine Stücke oder kleiner schneiden. Ca. 150 ml Wasser mit Salz und Brotgewürz aufkochen und abkühlen lassen. Durch einen großen Einwegteebeutel gießen, um ggf. feste Bestandteile zu entfernen. Zwei Formen ohne Boden auf je einen Teller legen und jeweils die Hälfte der Brotkrumen ca. 1 cm hoch hineinstreichen. Mit etwas Brotgewürzwasser besprühen, mit Frischhaltefolie bedecken und im Kühlschrank für 1,5 Stunden durchziehen lassen. Das Brot mit einem glatten, nicht klebrigen Aufstrich bestreichen (z. B. Butter, Margarine, passierte Konfitüre usw.).

TIPP: Versuchen Sie dieses Rezept auch einmal mit Striezel (Hefezopf) oder Brioche (ohne Rinde, ohne Rosinen). Verwenden Sie dazu Milch statt Wasser und evtl. etwas Puderzucker oder Vanillezucker statt der Gewürze.

GEMÜSE

VEGETARISCHE LASAGNE „BOLOGNESE“

Zutaten für 2 Portionen:

- 15 g mediterranes Kräuteröl
- 1 Schalotte (Edelzwiebel), kleinwürfelig geschnitten
- 50 g Sojagranulat (klein geschnetzelt)
- 70 g Tomatenmark (dreifach konzentriert)
- ½ TL edelsüßes Paprikapulver
- 1 Knoblauchzehe, gepresst
- 250 ml Gemüsesuppe
- Salz
- 10 g Seitanmehl
- 40 g Weizengrieß
- Salz
- Butter für die Form

Béchamel:

- 15 g Rapsöl, Butter oder Margarine
- 25 g glattes Mehl
- 300 ml Vollmilch
- 25 ml Schlagobers (Sahne)
- 3 große oder 4 kleine Scheiben Toastkäse
- Salz
- Muskat

Material:

- 1 kleine Auflaufform
- 1 große Auflaufform für das Wasserbad
- Alufolie oder hitzebeständige Frischhaltefolie, z. B. Mikrowellenfolie

Zubereitung:

Béchamel zubereiten (siehe S. 86) und Toastkäsescheiben darin schmelzen. Mit Salz und Muskat würzen. In ⅔ der Masse nun unter ständigem Rühren den Grieß einrieseln und erneut aufkochen lassen. Von der Flamme nehmen und zugedeckt überkühlen lassen. Bei Klümpchenbildung die Massen jeweils passieren.

Die Schalotten mit dem gepressten Knoblauch im Kräuteröl anschwitzen und das Sojagranulat zugeben. Mit Gemüsesuppe aufgießen und bei kleiner Flamme quellen lassen, bis das Sojagranulat weich ist. Die Flüssigkeit sollte fast vollständig aufgenommen worden sein. Tomatenmark und Gewürze unterrühren. Masse überkühlen lassen, Seitanmehl darüber streuen und gut verrühren.

Backofen auf 150 °C vorheizen. Etwa 1,5 Liter Wasser zum Kochen bringen. Eine kleine Auflaufform ausfetten. Die Hälfte der Grieß-Béchamel einfüllen und darauf die Hälfte der vegetarischen Bolognese vorsichtig verstreichen. Den Vorgang wiederholen. Mit dem letzten Drittel der Béchamel ohne Grieß abschließen. Es sollten zum oberen Rand mindestens noch ca. 2 cm Platz bleiben. Mit Folie abdecken und mit einer Gabel einige Luftlöcher stechen. Nun die kleine Form in die große stellen. Die große Form bis auf ca. 2 cm unter den Rand der kleinen Auflaufform mit heißem Wasser füllen. In den Backofen stellen und so im Wasserbad ca. 40 Min. garen.

KÜRBISSOUFFLÉ

Zutaten für 2 Portionen

- 1 großes Ei, Dotter und Eiklar getrennt
- 20 ml Schlagobers (Sahne)
- 120 g Kürbisfleisch ohne Kerne oder Schale, klein geschnitten (Stückgröße max. 4 × 4 mm) oder geraspelt
- Salz
- evtl. Muskat
- Butter oder Trennspray für die Förmchen

Béchamel:

- 20 g Butter oder Margarine
- 20 g glattes Mehl
- 100 ml Vollmilch

Material:

- hitzebeständige Förmchen

Zubereitung:
Förmchen einfetten. Eiklar mit etwas Salz zu Schnee schlagen. Die Kürbisstücke weich dämpfen. Béchamel zubereiten (siehe S. 86) und überkühlen lassen.

Einen breiten Topf auf eine Höhe von ca. ⅔ der Förmchen mit Wasser füllen und zum Kochen bringen. Gedünsteten Kürbis, Dotter, Schlagobers und Gewürze unter die Béchamel rühren. Den Schnee vorsichtig unterheben. In die Förmchen füllen und diese in das siedende Wasser stellen. Mit leicht versetztem Deckel zudecken – so läuft das Kondenswasser wieder in den Topf und nicht in die Förmchen. Die Masse ca. 40 Min. im Wasserbad garen.

KARAMELLISIERTE KAROTTEN

Zutaten für 2 Portionen:

- 15 g Butter
- 200 g Karotten, klein geschnitten (Stückgröße max. 4 × 4 mm)
- 1 TL Zucker
- 1 TL Mehl
- ca. 50 ml Gemüsesuppe
- Salz

Zubereitung:
Die geschnittenen Karotten in der Butter anschwitzen und mit dem Zucker karamellisieren. Das Mehl darüber streuen, gut verrühren und mit der Gemüsesuppe aufgießen, salzen. Bis zur gewünschten Konsistenz unter ständigem Rühren einkochen lassen (mindestens 5 Min.). Die Sauce sollte sehr dickflüssig und die Karotten sollten leicht mit der Gabel zu zerdrücken sein.

KOHLRABI MIT ERBSEN

Zutaten für 2 Portionen:

- 1 Kohlrabi (Kohlrübe), geschält und geschnitten (Stückgröße max. 4 × 4 mm) oder geraspelt (ca. 150 g)
- 100 g Erbsen (tiefgekühlt)
- 100 ml klare Gemüsebrühe/ Kochwasser der Erbsen
- 1 EL Rapsöl
- 10 g Mehl
- 50 ml kaltes Wasser
- Salz

Zubereitung:

Das Mehl mit dem kalten Wasser glatt rühren, bis keine Klümpchen mehr vorhanden sind. Sollten sich Klümpchen gebildet haben, dann die Mischung durch ein Sieb streichen. Die Erbsen in Salzwasser sehr weich kochen, abseihen – dabei das Kochwasser auffangen – und pürieren. Bei Bedarf etwas Flüssigkeit/Kochwasser zugeben. Bei Vorhandensein von Schalenresten Erbsen zusätzlich durch ein Sieb streichen.

Kohlrabi in Rapsöl anschwitzen und in 100 ml Gemüsesuppe oder im Kochwasser der Erbsen zugedeckt weich kochen (ca. 10 Min.). Nun das Erbsenpüree sowie nach und nach das Mehl-Wasser-Gemisch zugeben, bis die gewünschte Konsistenz erreicht ist. Dabei darauf achten, dass keine Klümpchen entstehen. Beachten Sie, dass die Masse in den ersten Minuten nachdickt und ca. 10 Min. erhitzt werden sollte. Passen Sie die Konsistenz bei Bedarf an.

HAUPTSPEISEN

KALBSGULASCH

Zutaten für 2 Portionen:

- 300 g Kalbfleisch, dreifach faschiert
- 15 g Rapsöl
- 20 g Mehl
- 2 Schalotten (Edelzwiebeln), feinwürfelig geschnitten (Stückgröße max. 4 × 4 mm)
- 1 EL Tomatenmark (dreifach konzentriert)
- ½ TL edelsüßes Paprikapulver
- 1 rote Paprikaschote
- ca. 200 ml Kalbsfond oder Gemüsesuppe
- 1 TL Crème fraîche (Schmand)
- evtl. Salz
- 1 Prise Pfeffer
- etwas Zitronensaft

Zubereitung:
Paprika waschen und in kochendem Wasser blanchieren (ca. 20 Sek. eintauchen), häuten und in max. 4 × 4 mm kleine Würfel schneiden. Die kleinwürfelig geschnittenen Schalotten mit den Paprikawürfeln im Rapsöl anschwitzen, das Faschierte dazugeben und sehr gut durchrösten. Das Faschierte darf sich nicht verklumpen und darf nur maximal 4 × 4 mm große Stücke aufweisen. Anschließend mit Mehl stauben, paprizieren, Gewürze und Tomatenmark hinzufügen und mit dem Fond aufgießen. Etwa 10 Min. lang gut einkochen, das Faschierte sollte nun wieder etwas Flüssigkeit aufnehmen und ganz weich werden. Die Sauce sollte sehr dickflüssig sein. Bei Bedarf die Konsistenz anpassen und mit Crème fraîche verfeinern.

TIPP: Lässt man fertig zubereitete Massen mit Faschiertem mindestens 12 Stunden kalt ruhen, so nimmt das Faschierte deutlich Wasser auf. Es wird somit weicher und die Sauce dicker. Bedenken Sie allerdings, dass auch die Fleischstücke damit größer werden (eine Größe von 4 mm darf bei IDDSI-Stufe 5 nicht überschritten werden).

RÄUCHERLACHS-MOUSSE

Zutaten für 10 Portionen:

- 250 g *QimiQ Whip*, aufgeschlagen
- 100 ml Fischfond (-suppe)
- 200 g geräucherter Lachs
- Zitronensaft
- Salz

Zubereitung:
Den Lachs mit dem Fischfond fein kuttern (max. 4 × 4 mm kleine Stücke). Mit dem aufgeschlagenen QimiQ verrühren, mit Zitronensaft und Salz abschmecken und mind. 4 Stunden kalt stellen.

TIPP: Kann hervorragend auf Breikost-Brot genossen werden.

KARTOFFELGRATIN

Zutaten für 2 Portionen:

- 300 g mehlige Kartoffeln, geschält und gerieben
- 125 g *QimiQ Saucenbasis*
- 50 ml Gemüsesuppe
- 1 TL Parmesan
- Salz
- Muskat
- Butter oder Trennspray für die Form

Material:

- 1 kleine, gefettete Auflaufform
- 1 größere Auflaufform für das Wasserbad
- Alufolie oder hitzebeständige Frischhaltefolie, z. B. Mikrowellenfolie

Zubereitung:
Backofen auf 150 °C vorheizen. Etwa 1,5 Liter Wasser zum Kochen bringen. Die kleinere Auflaufform ausfetten. Die geriebenen Kartoffeln (max. 4 mm große Stücke) mit den restlichen Zutaten gut verrühren und in der Auflaufform verteilen. Es sollten zum oberen Rand noch mindestens 2 cm Platz bleiben. Mit Folie abdecken und mit einer Gabel einige Luftlöcher stechen. Nun die kleine Form in die große stellen. Die große Form bis auf ca. 2 cm unter den Rand der kleinen Auflaufform mit heißem Wasser füllen. In den Backofen stellen und so im Wasserbad ca. 45 Min. garen. Bei Bedarf die Konsistenz anpassen.

TIPP: Muss angedickt werden, so eignen sich bei diesem Rezept vor allem Kartoffelflocken.

GERÖSTETER KARTOFFELSCHMARREN

Zutaten für 2 Portionen:

- 300 g mehlige Kartoffeln, geschält und geschnitten
- 1 Zwiebel, feinwürfelig geschnitten (Stückgröße max. 4 × 4 mm)
- 20 g Rapsöl
- ca. 100 ml Gemüsesuppe

Zubereitung:
Die Zwiebel in Rapsöl anrösten, mit der Gemüsesuppe aufgießen und darin sehr weich kochen. Die geschnittenen Kartoffeln in Salzwasser sehr weich kochen. Abseihen und durch die Kartoffelpresse drücken. Mit dem Gemüse-Zwiebel-Wasser übergießen, salzen und gut durchrühren. Bei Bedarf die Konsistenz anpassen.

KARTOFFELSOUFFLÉ

Zutaten für 2 Portionen:

- 300 g mehlige Kartoffeln, geschält und zerkleinert
- 2 Eier (Größe M), Dotter und Eiklar getrennt
- 1 EL Parmesan, fein gerieben
- 20 g weiche Butter oder mediterranes Kräuteröl (ohne Stücke)
- Salz, Muskat gerieben
- Butter und Mehl für die Förmchen oder Trennspray

Material:

- hitzebeständige Förmchen

Zubereitung:

Die Förmchen ausfetten und mit Mehl stauben. Überschüssiges Mehl gut ausklopfen. Alternativ die Förmchen innen mit Trennspray einsprühen. Einen breiten Topf auf ca. ⅔ der Höhe der Förmchen mit Wasser füllen und zum Kochen bringen. Eiweiß mit einer Prise Salz steif schlagen.

Die Kartoffeln sehr weich dämpfen. Durch die Kartoffelpresse drücken und mit Eigelb, Käse sowie Butter bzw. Öl gut verrühren. Mit Salz und Muskat würzen und den geschlagenen Schnee vorsichtig unterheben. In die Förmchen füllen und diese in das siedende Wasser stellen. Mit leicht versetztem Deckel zudecken – so läuft das Kondenswasser wieder in den Topf und nicht in die Förmchen. Die Masse ca. 30 Min. im Wasserbad garen und auf Teller stürzen.

SÜSSER REISFLAN MIT ÄPFELN

Zutaten für 2 Portionen:

- 160 ml kaltes Wasser
- 45 g Reismehl
- 1 Ei, verquirlt
- 45 g Gervais
- 10 g Rapsöl
- 2 EL Staubzucker oder flüssiger Süßstoff
- 1 Apfel (Boskoop oder Cox Orange), geschält
- 1 Prise Salz
- ½ TL Zimt, gemahlen
- Butter und Mehl für die Förmchen, alternativ Trennspray

Material:

- hitzebeständige Förmchen

Zubereitung:

Einen breiten Topf auf eine Höhe von ca. ⅔ der Förmchen mit Wasser füllen und zum Kochen bringen. Hitzebeständige Förmchen ausfetten und mit Mehl stauben. Überschüssiges Mehl gut ausklopfen. Alternativ innen mit Trennspray besprühen. Den Apfel grob reiben und in maximal 4 mm kleine Stücke schneiden. Anschließend über Dampf ca. 5 Min. garen und beiseite stellen.

Das kalte Wasser in einen Topf gießen und das Reismehl glatt einrühren. Unter ständigem Rühren langsam erhitzen, bis das Reismehl zu binden beginnt. Sofort von der Hitze nehmen und gut glatt rühren. Zuerst den Gervais glatt einrühren (evtl. vorhandene Klümpchen lösen sich dadurch auf), anschließend das Öl und zuletzt das Ei, eine Prise Salz, den Staubzucker bzw. Süßstoff sowie Zimt unterrühren. Die Äpfel etwas ausdrücken und unter die Masse rühren. In die Förmchen füllen und diese in das siedende Wasser stellen. Mit leicht versetztem Deckel zudecken – so läuft das Kondenswasser wieder in den Topf und nicht in die Förmchen. Die Masse ca. 40 Min. im Wasserbad garen. Auf einen Teller stürzen.

SPINATAUFLAUF

Zutaten für 2 Portionen:

- 200 g passierter Cremespinat (z. B. tiefgekühlt)
- 1 kleine Zwiebel, fein gewürfelt (2–4 mm große Stücke)
- 2 Knoblauchzehen, gepresst
- 20 g Butter
- 300 ml Milch
- 3 Blatt Toastkäse
- 110 g Semmelbrösel
- 3 Eier, Dotter und Eiklar getrennt
- Salz
- Muskat
- Butter und Mehl für die Auflaufform

Material:

- 1 kleine Auflaufform
- 1 größere Auflaufform für das Wasserbad
- Alufolie oder hitzebeständige Frischhaltefolie, z. B. Mikrowellenfolie

Zubereitung:

Backofen auf 150 °C vorheizen. Etwa 1,5 Liter Wasser zum Kochen bringen. Die kleine Form ausfetten und mit Mehl stauben. Überschüssiges Mehl gut ausklopfen. Tiefgekühlten Cremespinat laut Herstellerangabe auftauen. Eiklar mit einer Prise Salz steif schlagen.

Die Zwiebel gemeinsam mit dem gepressten Knoblauch in der Butter anschwitzen. Mit der Milch aufgießen, den Käse darin schmelzen und mit Salz und Muskat würzen. Die Semmelbrösel einrühren und ca. 1 Minute weiter erhitzen. Anschließend von der Flamme nehmen und bis zur weiteren Verwendung ziehen und auskühlen lassen. Sobald die Masse nur noch handwarm ist, Dotter einrühren und anschließend den Schnee unterheben. Die Masse in die Auflaufform füllen. Es sollten zum oberen Rand mindestens 2 cm Platz bleiben. Mit der Folie bedecken und mit einer Gabel einige Löcher in die Folie stechen.

Die Auflaufform in die große Form stellen. Die große Form bis auf ca. 2 cm unter den Rand der kleinen Auflaufform mit heißem Wasser auffüllen. In den Backofen stellen und so im Wasserbad ca. 40 Min. garen.

GEMÜSETERRINE

Zutaten für 5 Portionen:

- 250 g Karotten, Kohlrabi (Kohlrübe), Zucchini und gelbe Rüben, gewaschen und geputzt
- 250 g *QimiQ Classic*, ungekühlt
- 200 g Magertopfen (Magerquark)
- 1 EL Kräuteröl
- 15 g glatter Estragon-Senf ohne Körner
- Salz
- 1 Prise weißer Pfeffer, gemahlen
- 1 l Gemüsesuppe

Material:

Terrinenform, mit Alu- oder Frischhaltefolie ausgekleidet

Zubereitung:

Das Gemüse in 4 × 4 mm kleine Würfel schneiden und sehr weich kochen. Abseihen, mit kaltem Wasser abschrecken und gut abtropfen lassen. Ungekühltes QimiQ mit den restlichen Zutaten glatt rühren. Das möglichst trockene Gemüse unterheben. In die mit Folie ausgekleidete Terrinenform streichen und mindestens 4 Stunden kalt stellen, bis das Gericht serviert werden kann.

DESSERTS

GEEISTE BIRNENCREME

Zutaten für 2 Portionen:

- 400 g Birnen, geschält, entkernt und fein gerieben
- 3 EL Kristallzucker
- 200 ml Schlagobers (Sahne), geschlagen
- Zitronensaft
- Zimt

Zubereitung:
Birnen mit Zitronensaft und Zucker vermischen. In einem Topf auf kleiner Flamme ca. 5 Min. garen. Auskühlen lassen und bei Saftbildung abseihen. Geschlagenes Obers unter die Birnenraspeln rühren. Mit Zimt abschmecken und in Schüsseln füllen. Vor dem Servieren kurz ins Gefrierfach stellen.

MANGO-CHEESECAKE IM GLAS

Zutaten für 4 Portionen:

- 60 g Kekse
- 1 Pkg. Vanillezucker
- 100 ml Wasser
- Andickungsmittel (aus der Apotheke) (Menge für Konsistenz „sirup-/nektarartig“ für 100 ml)
- 1 Pkg. Frischkäse natur (175–200 g)
- 4–6 EL Staubzucker
- 1 Pkg. Vanillezucker
- 60 g Mangokompott, abgetropft

Zubereitung:
Die Kekse im Mixer oder einer Mühle sehr fein zerbröseln und in eine kleine Schüssel füllen. Den Vanillezucker im Wasser lösen und das Andickungsmittel einrühren, bis es sich gelöst, jedoch noch nicht voll gebunden hat. Davon nun 60 ml sofort gut mit den Keksbröseln verrühren. Die Masse auf die Gläser aufteilen und gleichmäßig auf den Glasboden drücken. Kurz ziehen lassen.

Inzwischen Frischkäse mit Staubzucker und Vanillezucker glatt verrühren. Mit einem kleinen Löffel oder Spritzsack gleichmäßig auf dem Keksbröselboden verteilen. Dabei aufpassen, dass sich die beiden Massen nicht vermischen.

Zuletzt die Hälfte der Mangokompottstücke pürieren. Die andere Hälfte sehr klein schneiden, sodass die Stücke durch die Zinken einer Gabel passen (max. 4 mm). Mit dem Fruchtpüree verrühren und auf der Frischkäsecreme verteilen. Die Gläser mindestens 1,5 Std. im Kühlschrank ziehen lassen.

TIPP: Probieren Sie dieses Rezept doch auch einmal mit Früchten aus Apfel-, Pfirsich- oder Birnenkompott. Auch mit Beerenmark (ohne Kerne) schmeckt dieses Dessert sehr lecker!

TOPFENTORTE OHNE BODEN

Zutaten für 14 Portionen:

- 4 Eier, Dotter und Eiklar getrennt
- 150 g Feinkristallzucker
- 1 Pkg. Vanillezucker
- 500 g Topfen (Quark)
- 250 g Sauerrahm (saure Sahne)
- 20 g Maisstärke
- Saft von ½ Zitrone
- 1 Prise Salz
- Butter für die Springform

Material:

- 24-cm-Tortenspringform

Zubereitung:

Backofen auf 150 °C vorheizen. Die Tortenspringform gut einfetten. Eiklar mit einer Prise Salz zu Schnee schlagen. Dotter mit Zucker und Vanillezucker schaumig rühren. Topfen, Sauerrahm, Maisstärke und Zitronensaft gut untermixen. Schnee unterheben. Die Topfenmasse in die Tortenform füllen. Die Form in den vorgeheizten Backofen stellen und 20 Min. backen, danach mit Alufolie abdecken und weitere 30 Min. backen, sodass keine braune Kruste entsteht.

Nach der Backzeit 10 Min. bei leicht geöffneter Türe auskühlen lassen. Anschließend auf einer Tortenplatte fertig auskühlen lassen.

HINWEIS: Falls doch eine Kruste entstanden sein sollte, schneiden Sie diese vor dem Servieren bitte weg!

STUFE 6: WEICH UND MUNDGERECHT

weich & mundgerecht 6

Hier handelt es sich um weiche Speisen, die mit dem Löffel oder der Gabel zerteilt und gegessen werden können. Ein Messer kann zu Hilfe genommen werden, um die Bissen auf die Gabel zu schieben. Die Speisekonsistenz soll jedoch weich genug sein, sodass kein Messer zum Schneiden benötigt wird. Die Gerichte sollten max. 1,5 cm große, weiche Stücke enthalten und saftig sein. Es sollte sich jedoch keine Flüssigkeit absondern. Es ist

- kein Abbeißen erforderlich;
- die Nahrung muss jedoch vor dem Schlucken gekaut werden.

Geeignet für Personen mit ...

- ausreichender Zungenkraft und -kontrolle;
- Ermüdungserscheinungen beim Kauen;
- fehlenden Zähnen, schlecht sitzenden Prothesen.

Erweiterung des Speiseplans auf

Lebensmittel	Beschaffenheit
Brot	Passiertes, vorgequelltes Brot („Schluckkostbrot"), handelsübliches Brot in 1,5 × 1,5 cm, sofern von der Therapeutin, vom Therapeuten erlaubt
Getreide	Cremig; kleine, weiche Klumpen sind erlaubt, es darf sich aber keine Flüssigkeit absetzen
Reis*	Nicht klebrig, keine losen Körner
Eintöpfe	Dicke der Sauce entsprechend der Vorgabe Ihrer Therapeutin, Ihres Therapeuten, mit weichem Fleisch/Fisch/Gemüse (Stückgröße max. 1,5 × 1,5 cm) ohne feste Bestandteile (Schalen, Fasern, Gräten, Kräuter etc.)

* Diese Anforderungen an Reis sind sehr schwer zu erfüllen. Sprechen Sie daher vorher mit Ihrer Therapeutin, Ihrem Therapeuten, ob Reis auf Ihren Speiseplan darf.

Erweiterung des Speiseplans auf (Fortsetzung)

Lebensmittel	Beschaffenheit
Fleisch	Weiches Fleisch (Stückgröße 1,5 × 1,5 cm), Faschiertes in sehr dickflüssigem Saft
Fisch	Weich genug, um mit der Gabel oder dem Löffel zerdrückt zu werden (Stückgröße max. 1,5 × 1,5 cm); grätenfrei und ohne feste Haut!
Gemüse	Gedämpft oder gekocht (Stückgröße 1,5 × 1,5 cm) Hinweis: Geröstetes Gemüse ist meist zu fest!
Obst	Weich, mit der Gabel zerdrückt, ohne Schale, Fasern, Kerne; kein austretender Saft (vollständig abgetropft)

Ungeeignet:

Speisen mit gemischten Konsistenzen (z. B. dünnflüssiger Fleischsaft gemäß IDDSI-Stufe 0 und weiche, max. 1,5 cm große Fleischstücke gemäß IDDSI-Stufe 5) können nach Maßgabe des behandelnden Teams angeboten werden, sofern dünnflüssige Speisen/Getränke sicher geschluckt werden können. Andernfalls wäre die Flüssigkeit jedenfalls entsprechend der therapeutisch empfohlenen Flüssigkeitsstufe anzudicken.

Bei körnigen (z. B. auch Beeren, Korngebäck), faserigen und panierten Speisen sowie Speisen mit Schalenanteilen (z. B. Hülsenfrüchten, Vollkornprodukten) oder harter Kruste an der Oberfläche (Aufläufe, Gebratenes) ist weiterhin Vorsicht geboten! Diese Speisen sollten daher nicht gegessen werden.

Wie gehe ich sicher, dass die Speise geeignet ist? Folgende Fragen sollten Sie mit „ja" beantworten können:

- Lässt sich die Speise leicht und mit dem Druck einer Gabel oder eines Löffels „zerschneiden"?
- Können Sie ein Speisenstückchen durch eine Gabel drücken, sodass das Stück danach zerquetscht ist?
- Sind die kleinen Stückchen der Speise weich genug, um zwischen zwei Fingern zerdrückt zu werden? Fühlt sich die Speise zwischen den Fingern feucht an?

Eine Möglichkeit, um auszutesten, ob die Speise der Stufe 6 entspricht, finden Sie im Anhang ab S. 170.

REZEPTE STUFE 6

SCHLUCKKOSTBROT

Zutaten für 2 Scheiben:

- 2 Scheiben Brot (ohne Körner, ohne feste Stücke oder grobe Gewürze)
- Wasser
- etwas Brotgewürz, fein gemahlen
- 1 Msp. Salz

Zubereitung:
Die Brotscheiben entrinden. Ca. 150 ml Wasser mit Salz und Brotgewürz aufkochen und abkühlen lassen. Durch einen großen Einwegteebeutel gießen, um eventuelle feste Bestandteile zu entfernen. Die entrindeten Brote mit etwas Brotgewürzwasser besprühen, mit Frischhaltefolie bedecken und im Kühlschrank für 1,5 Stunden durchziehen lassen. Das Brot mit einem glatten Aufstrich bestreichen (z. B. Butter, Margarine, passierte Konfitüre) und in max. 1,5 cm kleine Würfel schneiden.

TIPP: Probieren Sie dieses Rezept doch auch einmal mit Hefezopf oder Brioche (ohne Rinde, ohne Rosinen). Verwenden Sie hierbei Milch statt Wasser und evtl. etwas Staubzucker/Vanillezucker statt der Gewürze.

HAUPTSPEISEN

KOHLRABI MIT ERBSEN

Zutaten für 2 Portionen:

- 1 Kohlrabi (Kohlrübe), geschält und geschnitten (Stückgröße max. 1,5 × 1,5 cm) (ca. 150 g)
- 100 g Erbsen (tiefgekühlt)
- 100 ml klare Gemüsebrühe (oder Kochwasser der Erbsen)
- 1 EL Rapsöl
- 10 g Mehl
- 50 ml kaltes Wasser

Zubereitung:

Das Mehl mit dem kalten Wasser glatt rühren, bis keine Klümpchen mehr vorhanden sind. Sollten sich Klümpchen gebildet haben, dann die Mischung durch ein Sieb streichen. Die Erbsen in Salzwasser sehr weich kochen, abseihen – dabei das Kochwasser auffangen – und pürieren. Bei Bedarf etwas Flüssigkeit/Kochwasser zugeben. Bei Vorhandensein von Schalenresten Erbsen zusätzlich durch ein Sieb streichen.

Kohlrabi in Rapsöl anschwitzen und in 100 ml Gemüsesuppe oder im Kochwasser der Erbsen zugedeckt weich kochen (ca. 15 Min.). Nun das Erbsenpüree sowie nach und nach das Mehl-Wasser-Gemisch zugeben, bis die gewünschte Konsistenz erreicht ist. Dabei darauf achten, dass keine Klümpchen entstehen. Beachten Sie, dass die Masse in den ersten Minuten nachdickt und ca. 5 bis 10 Min. erhitzt werden sollte. Passen Sie die Konsistenz bei Bedarf an.

KÜRBISPÜREE MIT APFEL

Zutaten für 2 Portionen:

- 300 g Muskatkürbis, geschält und klein geschnitten
- 2 EL Wasser
- 1 Apfel (z. B. Gravensteiner, Boskoop, Cox Orange, Elstar), geschält und entkernt
- ¼ TL Curry (Geschmacksrichtung Madras)
- etwas Muskatnuss, gemahlen
- Salz

Zubereitung:

Den Apfel in ca. 1 cm kleine Würfel schneiden. Den geschnittenen Kürbis mit dem halben Apfel und 2 EL Wasser im Topf erhitzen und zugedeckt sehr weich dünsten. Pürieren, sobald kein Wasser mehr am Topfboden vorhanden ist. Nun die restlichen Apfelstücke zugeben und mit Muskat, Currypulver und Salz würzen. Auf kleiner Flamme das Püree auf die gewünschte Konsistenz reduzieren und die Äpfel dabei gleichzeitig weich garen. Vom Kürbispüree darf sich dabei keine Flüssigkeit mehr absetzen. Bei Bedarf die Konsistenz anpassen (z. B. mit Instant-Püreeflocken.)

KNÖDEL MIT EI (ggf. mit therapeutischer Zustimmung)

Zutaten für 2 Portionen:

Für die Semmelrolle:

- 125 g Semmelwürfel
- 150 ml Milch
- 1 Ei, verquirlt
- 15 g Mehl
- Salz
- 10 ml Rapsöl

Für das Obers-Ei-Gemisch:

- 4 Eier
- 20 ml Schlagobers (Sahne)

Material:

hitzebeständige Frischhaltefolie, z. B. Mikrowellenfolie

Zubereitung:

Die Milch in einem Topf etwas erwärmen und das verquirlte Ei mit dem Schneebesen hineinrühren. Über die Semmelwürfel gießen und salzen. Mehl darüber streuen, gut verrühren und ca. 35 Min. ziehen lassen. In der Zwischenzeit einen Topf mit Salzwasser zum Kochen bringen. Die Masse auf einer Länge von ca. 15 cm auf der Folie verteilen und einrollen. Die Enden durch Eindrehen einfach verschließen und die Semmelrolle in das kochende Wasser einlegen. 30 Min. darin ziehen lassen.

Semmelrolle aus dem Wasser nehmen und von der Folie befreien. Kurz überkühlen lassen und in maximal 1,5 × 1,5 cm kleine Würfel schneiden. Vier Eier mit Obers verquirlen. Das Öl in einer Pfanne erhitzen und die Knödel dazu geben. Obers-Ei-Gemisch darüber gießen, salzen und unter ständigem Rühren stocken lassen. Die Eier sollten beim Servieren noch feucht sein.

TIPP: Schmeckt besonders gut mit Rote-Rüben-Salat (siehe S. 69).

HINWEIS: Brot ist bei IDDSI-Stufe 6 nach Zustimmung von Arzt, Ärztin bzw. Therapeut:in empfehlenswert. Da Semmelknödel eine ähnliche Konsistenz haben, sollten sie nur nach Rücksprache mit Ihren Therapeut:innen in Ihren Speiseplan aufgenommen werden.

FLEISCH- UND FISCHGERICHTE

HÜHNERRISOTTO (ggf. mit therapeutischer Zustimmung)

Zutaten für 2 Portionen:

- 50 g Karotten, fein gewürfelt (2–4 mm große Stücke)
- 1 Schalotte, fein gewürfelt (2–4 mm große Stücke)
- 25 g Lauch, fein gewürfelt (2–4 mm große Stücke)
- 100 g Hühnerbrustfleisch, doppelt faschiert
- 150 g Risottoreis (Rundkornreis)
- 125 ml Weißwein
- 15 ml Olivenöl
- 50 ml Obers (Sahne)
- 10 g Parmesan, fein gerieben
- ca. 1 l Hühnersuppe

Gewürzsäckchen:

- 1 TL Oregano
- 1 TL Thymian
- 1 TL Basilikum
- frische Petersilie

Zubereitung:

Die Hühnersuppe mit den Gewürzen (in einem Gewürzsäckchen) zum Kochen bringen und die Karotten darin ca. 10 Min. zugedeckt kochen. Das Gewürzsäckchen herausnehmen, die Karotten abseihen und die Suppe dabei in einem Topf auffangen.

Die geschnittenen Schalotten in Olivenöl anschwitzen und das Faschierte gut anrösten, bis sich nur noch kleine Teile von 2 bis 3 mm darin befinden. Den Risottoreis sowie den Lauch zugeben und mit Weißwein ablöschen. Mit Suppe bedecken und auf kleiner Flamme verkochen lassen. Den Vorgang mehrfach wiederholen, bis der Reis durch und durch weich (und nicht kernig) ist und die Suppe durch die Reisstärke eindickt. Rühren Sie nun den geriebenen Parmesan, die Karotten und das Obers ein. Nun das Risotto von der Flamme nehmen, den Deckel schließen und ca. 5 Min. ziehen lassen. Das Risotto sollte cremig, nicht klebrig und dennoch als einheitliche Masse (keine einzelnen Reiskörner) vom Löffel fallen. Konsistenz bei Bedarf anpassen.

FLEISCHPALATSCHINKEN MIT ZUCCHINI

Zutaten für 2 Portionen:

- 4 dicke, weiche Palatschinken aus dem Kühlregal oder frisch zubereitet aus
  - 250 ml Milch
  - 100 g glattem Mehl
  - 1 großen Ei
  - 1 Prise Salz
  - Kräuteröl
- 1 kleine Karotte, geschnitten (ca. 1 cm große Stücke)
- Kräuteröl zum Braten
- 1 kleine Zwiebel, fein gewürfelt
- 250 g gemischtes Faschiertes (Hackfleisch)
- 1 Zucchini, geschält, entkernt und geschnitten (ca. 1 cm große Stücke)
- 1 TL Zucker
- 2 Knoblauchzehen, gepresst
- 1 TL edelsüßes Paprikapulver
- ½ Tube Tomatenmark (dreifach konzentriert)
- ca. 500 ml klare Rindsuppe
- Salz, Muskat
- 200 ml Sauerrahm (saure Sahne)
- 1 Ei
- Butter für die Form

Material:

- 1 kleine Auflaufform
- 1 große Auflaufform für das Wasserbad
- Alufolie oder hitzebeständige Frischhaltefolie, z. B. Mikrowellenfolie

Zubereitung:

Die Karotte in der klaren Rindsuppe weich kochen. Aus der Suppe heben und beides beiseite stellen.

Die Zutaten für die Palatschinken zu einem glatten Teig mixen und ca. 10 Min. ruhen lassen. In einer heißen Pfanne mit Kräuteröl jeweils auf beiden Seiten 4 dicke Palatschinken backen.

Zwiebel und Faschiertes in Kräuteröl sehr gut anbraten, bis das Faschierte fein krümelig ist. Zucchini zugeben und kurz mitrösten. Zucker darüberstreuen und kurz karamellisieren. Knoblauch, Paprikapulver und Tomatenmark unterrühren. Mit der Hälfte der Rindsuppe aufgießen, die vorgegarten Karotten zugeben und die Sauce auf kleiner Flamme ca. 30 Min. zugedeckt garen. Immer wieder umrühren. Die Sauce sollte am Ende dicklich und gut gebunden sein. Bei Bedarf Suppe nachgießen oder mit Tomatenmark nachdicken. Mit Salz und Muskat abschmecken.

Backofen auf 150 °C vorheizen. Etwa 1,5 Liter Wasser zum Kochen bringen. Die kleine Auflaufform mit Butter oder Trennfett ausfetten. Die Sauce Bolognese auf den Palatschinken verteilen, diese einrollen und in die kleine Form schlichten. Den Sauerrahm mit Salz und Ei mixen und über die Palatschinken gießen. Mit Folie bedecken und diese mit einer Gabel mehrfach einstechen. Nun die kleine Form in die große stellen. Diese bis auf ca. 2 cm unter den Rand der kleinen Auflaufform mit heißem Wasser auffüllen. In den Backofen stellen und so im Wasserbad ca. 40 Min. garen. Vor dem Servieren in 1,5 cm kleine Stücke schneiden.

TIPP: Mit einem Klecks gerührtem Sauerrahm servieren.

LACHSNOCKEN

Zutaten für 2 Portionen (8 Nocken):

- 125 g Lachsfilet (tiefgekühlt)
- 75 ml Schlagobers (Sahne)
- 2 g Salz

Zubereitung:

Lachsfilet im Kühlschrank antauen lassen und kleinwürfelig schneiden. In den Kutterbehälter geben, das Salz darüber streuen und ca. 45 Min. im Tiefkühler wieder anfrieren lassen.

Lachs aus dem Tiefkühler nehmen und ca. 2 Min. pastös kuttern. Etwa ein Drittel des Schlagobers zugeben und wieder kuttern. Den Vorgang so lange wiederholen, bis das Schlagobers aufgebraucht und die Farce schön glänzend ist. Mit dem Esslöffel Nocken formen und in leicht siedendem Kochwasser (ungesalzen!) ca. 10 Min. gar ziehen lassen. Den Topf nicht zudecken. Aus dem Wasser heben und in max. 1,5 × 1,5 cm kleine Stücke schneiden.

TIPP: Schmeckt besonders gut mit weich gedämpften Kartoffelwürfeln und Zitronensauce (siehe S. 91).

JAKOBSMUSCHELN IN FOLIE MIT GEMÜSE

Zutaten für 2 Portionen:

- 6 Jakobsmuscheln
- 300 g Karotten, Zucchini, gelbe Rüben, Kohlrabi (Kohlrüben), geschnitten (1,5 × 1,5 cm)
- 1 Knoblauchzehe, in zwei Hälften geteilt
- 2 Zweige Rosmarin
- 4 Zitronenscheiben
- Salz

Material:

- Alufolie

Zubereitung:

Backofen auf 180 °C vorheizen. Das Gemüse ca. 10 Min. dämpfen. Mit einem Sieb herausheben und daraus auf der Folie ein Bett für die Jakobsmuscheln bereiten. Jakobsmuscheln waschen, trocken tupfen und auf das Gemüse setzen. Salzen und die Zitronenscheiben, den Knoblauch und die Rosmarinzweige darauf platzieren. Die Folie verschließen und den Fisch ca. 30 Min. im Ofen gar ziehen lassen.

Die Folie öffnen, Knoblauch, Zitronenscheiben und Rosmarin entfernen. Die Jakobsmuscheln gemeinsam mit dem Gemüse am Teller anrichten. Achten Sie darauf, dass sich keine Flüssigkeit vom Gemüse absetzt.

TIPP: Dazu passen Sellerie-Kartoffelpüree und Zitronensauce.

GEFLÜGELBÄLLCHEN

Zutaten für 2 Portionen:

- 125 g Hühnerbrustfilet, kleinwürfelig geschnitten (max. 1,5 × 1,5 cm)
- 90 ml Schlagobers (Sahne)
- 2 g Salz (genau auswiegen, da entscheidend für die Bindung)

Zubereitung:
Hühnerbrustfilet in den Kutterbehälter geben, das Salz darüber streuen und ca. 45 Min. im Tiefkühler anfrieren lassen. Aus dem Tiefkühler nehmen und ca. 2 Min. pastös kuttern. Etwa ein Drittel des Schlagobers zugeben und wieder kuttern. Den Vorgang so lange wiederholen, bis das Schlagobers aufgebraucht und die Farce schön glänzend ist. Mit einem Parisienne-Ausstecher oder angefeuchteten Händen kleine Kugeln formen (max. 1,5 cm Durchmesser) und in leicht wallendem Kochwasser ca. 10 Min. gar ziehen lassen. Den Topf nicht zudecken. Aus dem Wasser heben und mit einer Sauce nach Wahl servieren.

TIPP: Verleihen Sie den Geflügelbällchen durch Gewürzvariationen Ihre persönliche Note! Achten Sie darauf, dass keine Gewürzstückchen in den Speisen zurückbleiben. Kuttern Sie die Gewürze am besten mit oder streichen Sie die Farce durch ein Sieb.

RINDFLEISCHNOCKEN

Zutaten für 2 Portionen:

- 125 g Rindsschnitzelfleisch, doppelt faschiert
- 90 ml Schlagobers (Sahne)
- 2 g Salz

Zubereitung:
Faschiertes in den Kutterbehälter geben, das Salz darüberstreuen und ca. 45 Min. im Tiefkühler anfrieren lassen. Aus dem Tiefkühler nehmen und ca. 2 Min. pastös kuttern. Etwa ein Drittel des Schlagobers zugeben und weiter kuttern. Den Vorgang so lange wiederholen, bis das Schlagobers aufgebraucht und die Farce schön glänzend ist. Wenn die Farce danach noch faserig sein sollte, dann durch ein Sieb streichen. In der Zwischenzeit einen Topf mit Wasser zum Kochen bringen (nicht salzen!).

Mit dem Esslöffel Nocken formen und in leicht wallendem Kochwasser ca. 10 Min. gar ziehen lassen. Den Topf nicht zudecken. In max. 1,5 × 1,5 cm kleine Stücke schneiden und zu einer Sauce nach Wahl servieren.

VEGETARISCHE LASAGNE „BOLOGNESE“

Zutaten für 2 Portionen:

- 15 g mediterranes Kräuteröl
- 1 Schalotte (Edelzwiebel), kleinwürfelig geschnitten (max. 1,5 × 1,5 cm)
- 50 g Sojagranulat (klein geschnetzelt)
- 70 g Tomatenmark (dreifach konzentriert)
- ½ TL edelsüßes Paprikapulver
- 1 Knoblauchzehe, gepresst
- 250 ml Gemüsesuppe
- 10 g Seitanmehl
- 50 g Suppensternchen
- Salz
- Butter für die Form

Béchamel

- 15 g Rapsöl, Butter oder Margarine
- 25 g glattes Mehl
- 300 ml Vollmilch
- 25 ml Schlagobers (Sahne)
- 3 große oder 4 kleine Scheiben Toastkäse
- Salz, Muskat

Material:

- 1 kleine Auflaufform
- 1 große Auflaufform für das Wasserbad
- Alufolie

Zubereitung:

Béchamel zubereiten (siehe S. 86) und Toastkäsescheiben darin schmelzen. Mit Salz und Muskat würzen. Die Suppensternchen in Salzwasser sehr weich kochen, kalt abschrecken und sehr gut abtropfen lassen.

Die Schalotten mit dem gepressten Knoblauch in Kräuteröl anschwitzen und das Sojagranulat zugeben. Mit Gemüsesuppe aufgießen und bei kleiner Flamme quellen lassen, bis das Sojagranulat weich ist. Die Flüssigkeit sollte fast vollständig aufgenommen worden sein. Tomatenmark und Gewürze unterrühren. Masse überkühlen lassen, Seitanmehl darüber streuen und gut verrühren.

Herd auf 180 °C vorheizen. Etwa 1,5 Liter Wasser zum Kochen bringen. Form ausfetten. In der ausgefetteten Auflaufform ein Drittel der Béchamel und darauf die Hälfte der Suppensternchen verteilen. Nun die Hälfte der vegetarischen Bolognese vorsichtig darauf verstreichen und den Vorgang wiederholen. Mit dem letzten Drittel der Béchamel abschließen (hier kommen keine Sternchen mehr darüber). Es sollten zum oberen Rand mindestens noch ca. 2 cm Platz bleiben. Mit Folie abdecken und mit einer Gabel einige Luftlöcher stechen.

Nun die kleine Form in die große stellen. Die große Form bis auf ca. 2 cm unter den Rand der kleinen Auflaufform mit heißem Wasser füllen. In den Herd stellen und so im Wasserbad ca. 40 Min. garen.

KALBSBUTTERSCHNITZEL

Zutaten für 6 Stück:

- 300 g Kalbsschnitzelfleisch, doppelt faschiert
- 1 altbackene Semmel (Brötchen) oder 2 kleine Scheiben Toastbrot, kleinwürfelig geschnitten
- 125 ml Schlagobers (Sahne)
- 1 Ei
- Salz
- Pfeffer
- 20 g Butter

Zubereitung:

Semmel bzw. Toastbrot in Schlagobers einweichen und die Masse passieren (bzw. pürieren). Mit dem Fleisch, dem Ei und den Gewürzen gut vermengen und ca. 10 Min. im Kühlschrank rasten lassen. Laibchen formen und in der Butter bei geringer Hitze auf jeder Seite ca. 5 Minuten anbraten, von der Hitze nehmen und ca. 5 Min. zugedeckt nachziehen lassen. Die Oberfläche soll weich und die Laibchen sollen saftig sein. Vor dem Servieren in max. 1,5 × 1,5 cm kleine Stücke schneiden.

BIFTEKI

Zutaten für 6 Stück:

- 250 g Rinds- und Schweineschnitzelfleisch, doppelt faschiert
- 1 altbackene Semmel (Brötchen) oder 2 kleine Scheiben Toastbrot, kleinwürfelig geschnitten
- 125 ml Milch
- 1 EL Rapsöl
- ½ Zwiebel, fein gehackt
- 1 TL frischer Oregano, fein gehackt
- 1 Knoblauchzehe, gepresst
- 1 Ei
- 1 TL edelsüßes Paprikapulver
- Salz
- Pfeffer
- 50 g Fetacreme ohne Stücke
- 20 g Olivenöl

Zubereitung:

Semmel bzw. Toastbrot in der Milch einweichen. Zwiebel in Rapsöl anrösten. Oregano, gepressten Knoblauch und geröstete Zwiebel mit der Milch-Semmel-Mischung pürieren. Mit dem Fleisch, dem Ei und den Gewürzen gut vermengen und ca. 10 Min. im Kühlschrank rasten lassen. Dünne Laibchen formen, mit der Fetacreme füllen und Röllchen mit max. 1,5 cm Durchmesser formen. Bei geringer Hitze in Olivenöl auf jeder Seite ca. 5 Minuten anbraten, von der Hitze nehmen und ca. 5 Min. zugedeckt nachziehen lassen. Die Bifteki sollen außen und innen weich sein. Vor dem Servieren in Stücke von max. 1,5 × 1,5 cm schneiden.

BEILAGEN

KARTOFFELSPAGHETTI

Zutaten für 6 Stück:

450 g mehlige Kartoffeln, geschält und klein geschnitten (ca. 1,5 × 1,5 cm)

Salz

Zubereitung:

Kartoffeln in Salzwasser weich kochen. Abseihen, salzen und durch die Kartoffelpresse direkt auf den Teller drücken.

TIPP: Am besten zu Speisen mit Sauce geeignet, wie z. B. zu Kohlrabi mit Erbsen.

SÜSSSPEISEN

TOPFEN-NUDEL-AUFLAUF MIT PFIRSICH

Zutaten für 2 Portionen:

- 1 Zitrone, unbehandelt
- 1 kleine Dose Pfirsiche (ca. 225 g), abgetropft, in max. 1,5 × 1,5 cm großen Würfeln
- 2 Eier, Dotter und Eiklar getrennt
- 300 g frische Fettuccine
- 250 g Topfen (Quark) (20 % F. i. T.)
- 80 g Staubzucker
- 1 Pkg. Vanillezucker
- ½ Pkg. Vanillepuddingpulver
- 1 Prise Salz
- Butter für die Form

Material:

- 1 Tee-Ei oder Einwegteebeutel
- 1 kleine Auflaufform
- 1 große Auflaufform für das Wasserbad
- hitzebeständige Folie, z. B. Mikrowellen- oder Alufolie

Zubereitung:

Auflaufform mit Butter ausfetten. Die Zitrone mit warmem Wasser waschen und Zesten (Schalenabrieb) reißen. Diese in ein Tee-Ei geben. Die frischen Fettuccine in 1,5 cm kleine Stücke schneiden und in einem Topf mit Wasser, Pfirsichsaft und dem Tee-Ei weichkochen. Das Tee-Ei herausheben, die Fettuccine abseihen und etwas überkühlen lassen.

Backofen auf 150 °C vorheizen. Etwa 1,5 Liter Wasser zum Kochen bringen. Eiklar mit einer Prise Salz steif schlagen. Topfen, Dotter, Staubzucker und Vanillezucker mixen. Schnee und Puddingpulver abwechselnd unterheben. Nun die Fettuccine und die Pfirsichwürfel unterheben.

Die Masse in die Auflaufform geben und mit Folie zudecken. Mit einer Gabel einige Löcher in die Folie stechen. Nun die kleine Form in die große stellen. Diese bis auf ca. 2 cm unter den Rand der kleinen Auflaufform mit heißem Wasser auffüllen. In den Backofen stellen und so im Wasserbad ca. 50 Min. garen. Vor dem Servieren in 1,5 cm kleine Stücke schneiden.

TOPFENNOCKEN MIT VANILLESAUCE UND ÄPFELN

Zutaten für 4 Portionen:

Für den Teig:

- 250 g Topfen (Quark) 20 % F. i. T.
- 1 Ei
- 3 EL griffiges Mehl
- 1 EL Grieß
- Zimt
- Zucker, Zimtstange, 1 Prise Salz, evtl. Rum für das Kochwasser

Für die Äpfel:

- 200 g Äpfel, geschält, entkernt und würfelig geschnitten (max. 1,5 × 1,5 cm)
- 10 g Butter
- 1 TL Zucker
- 100 ml kaltes Wasser
- 10 g Maisstärke
- Zimt
- evtl. Zitronensaft

Für die Vanillesauce:

- 500 ml Vollmilch
- 1 Pkg. Vanillepuddingpulver
- 40 g Zucker oder Süßstoff

Zubereitung:

Alle Teigzutaten gut verrühren und im Kühlschrank 1,5 Stunden rasten lassen.

Die Maisstärke in kaltem Wasser glatt rühren. Die Apfelwürfel in der Butter anschwitzen und mit dem Zucker karamellisieren. Mit dem Stärke-Wasser-Gemisch aufgießen und einkochen, bis es dickflüssig und die Stärke verkocht ist. Bei Bedarf Wasser nachgießen. Mit Zimt bzw. Zitronensaft sowie Zucker abschmecken. Die Hälfte der Äpfel pürieren und die verbliebenen Äpfel darunterrühren.

Einen großen Topf mit Wasser zum Kochen bringen und eventuell mit Zimtstange, Rum, Zucker und einer Prise Salz würzen. Mit dem Esslöffel Nocken aus dem Teig ausstechen und ins leicht wallende Wasser geben. Hitze reduzieren und die Nocken darin ca. 10 Min. gar ziehen lassen.

Währenddessen von der Milch eine halbe Tasse mit dem Zucker und dem Puddingpulver glatt rühren. Die restliche Milch zum Kochen bringen, das Gemisch einrühren und ca. 5 Min. unter ständigem Rühren bei schwacher Hitze kochen. Bei Klümpchenbildung passieren bzw. pürieren.

Topfennocken mit einer Schaumkelle aus dem Wasser heben und gut abtropfen lassen. Mit der Vanillesauce und den Äpfeln servieren.

DESSERTS

KARAMELLISIERTE BIRNEN MIT ZIEGENKÄSECREME

Zutaten für 2 Portionen:

- 1 Birne, geschält, entkernt und in 1,5 cm kleine Würfel geschnitten
- 1 TL Butter
- 1 TL Zucker
- ¼ TL Anis, gemahlen
- ¼ TL glatter Estragon-Senf ohne Körner
- ca. 50 ml Wasser
- 100 g Ziegenfrischkäse
- 2 EL Gervais
- evtl. Salz

Zubereitung:

Die Birne in der Butter anschwitzen und mit dem Wasser aufgießen. Senf und Anis dazugeben und zugedeckt weich dünsten. Zuletzt sollte das Wasser fast vollständig verdampft und die Birnenwürfel weich sein. Nun den Zucker darüberstreuen und die Würfel karamellisieren. Die Flüssigkeit sollte nun vollständig verdampft sein.

Den Ziegenfrischkäse mit dem Gervais glatt verrühren und eventuell salzen. Zu den karamellisierten Birnen servieren. Achten Sie darauf, dass sich von den Birnen keine Flüssigkeit absetzt.

KOKOSFLAN MIT MANGO

Zutaten für 2 Portionen:

- 160 ml Kokosmilch
- 45 g Reismehl
- 45 g Gervais
- 1 Ei, verquirlt
- 2 EL Staubzucker oder flüssiger Süßstoff
- ca. 70 g Mango aus der Dose, gut abgetropft, in max. 1,5 cm großen Würfeln
- Butter und Mehl für die Förmchen, alternativ Trennspray

Material:

- hitzebeständige Förmchen

Zubereitung:

Hitzebeständige Förmchen ausfetten und mit Mehl stauben. Überschüssiges Mehl gut ausklopfen. Alternativ innen mit Trennspray besprühen. Einen breiten Topf auf eine Höhe von ca. ⅔ der Förmchen mit Wasser füllen und zum Kochen bringen.

Die Kokosmilch in einen Topf gießen und das Reismehl glatt einrühren. Unter ständigem Rühren langsam erhitzen, bis das Reismehl zu binden beginnt. Sofort von der Hitze nehmen und gut glatt rühren. Zuerst den Gervais glatt einrühren (ev. vorhandenen Klümpchen lösen sich dadurch auf), anschließend das Ei und den Staubzucker bzw. Süßstoff unterrühren. Die Mangostücke zugeben. In die Förmchen füllen und diese in das siedende Wasser stellen. Mit leicht versetztem Deckel zudecken – so läuft das Kondenswasser wieder in den Topf und nicht in die Förmchen. Die Masse ca. 40 Min. im Wasserbad garen. Auf einen Teller stürzen.

KASTANIENNOCKEN AN HONIGSCHOKOLADE

Zutaten für 2 Portionen:

- 125 g Kastanienreis (tiefgekühlt)
- ca. 175 ml Schlagobers (Sahne)
- 2 EL Staubzucker oder Süßstoff nach Bedarf
- ½ Pkg. Vanillezucker
- 100 ml Schlagobers (Sahne)
- 1 EL Honig
- 50 g Kochschokolade, gehackt

Zubereitung:

Kastanienreis auftauen lassen. Schlagobers auf ca. 90 °C erhitzen. Kastanienreis, Zucker und Vanillezucker unterrühren und einige Minuten quellen lassen. Für ca. 1 Std. im Kühlschrank kalt stellen. Anschließend mit dem Mixer aufschlagen. Die Masse muss weich sein.

Schlagobers im Wasserbad erwärmen. Honig und gehackte Schokolade darin schmelzen. Kalt stellen und dann mit dem Mixer dick aufschlagen. Alternativ mit 1 bis 2 Kapseln in der *iSi*®-Flasche aufschäumen. Bei Bedarf mit *SPUMA instant* stabilisieren.

Ein Bett aus Honigschokolade auf den Tellern anrichten bzw. aufsprühen. Aus der Kastanienmasse mithilfe von zwei Esslöffeln Nocken formen und darauf anrichten.

TIRAMISU

Zutaten für 6–8 Portionen:

- 200 ml kalter Kaffee
- evtl. etwas Rum
- 1 Pkg. (40 Stk.) Biskotten (Löffelbiskuits)
- 250 g Mascarpone
- 250 g *QimiQ classic*
- 40 g Staubzucker
- 1 Pkg. Vanillezucker
- 1 EL Trinkkakaopulver, fein pudrig, oder echtes Kakaopulver
- evtl. Andickungsmittel aus der Apotheke (für den Kaffee)

Zubereitung:

Mascarpone, *QimiQ classic*, Staubzucker und Vanillezucker mit dem Mixer ca. 5 Min. auf höchster Stufe mixen. Den kalten Kaffee evtl. mit Rum aromatisieren. Die Biskotten einzeln durch den Kaffee ziehen und sofort den Formboden damit dicht auslegen. Eine Schicht der Mascarponecreme gleichmäßig darüber verstreichen und den Vorgang so lange wiederholen, bis Biskotten bzw. Mascarponecreme aufgebraucht sind (ergibt je nach Größe der Form 2–3 Schichten). Schließen Sie jedenfalls mit einer Mascarponecremeschicht ab.

Streuen Sie nun das Kakaopulver darüber. Decken Sie das Tiramisu ab (z. B. mit Frischhaltefolie) und stellen Sie es für mindestens 6 Stunden in den Kühlschrank. Eine Portion am Teller anrichten und mit dem Messer in 1,5 × 1,5 cm kleine Würfel teilen.

Wichtig: Die Biskotten müssen gleichmäßig weich sein. Der Kaffee darf nicht austreten und das Kakaopulver muss geschmolzen sein (sonst besteht Aspirationsgefahr).

TIPP: Dicken Sie den Kaffee mit Andickungsmittel aus der Apotheke sirupartig ein. Das Austreten von Kaffee kann damit vermieden werden und die Biskotten sind weich.

STUFE 7: LEICHT ZU KAUEN UND NORMALKOST

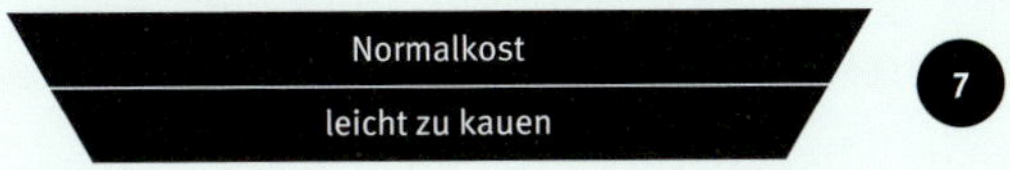

Auf dieser Stufe ist die Auswahl der **Nahrungsmittel nicht mehr eingeschränkt**. Auch Speisen mit unterschiedlichen Konsistenzen (z. B. klare Suppe mit Einlage) sind zumeist wieder möglich, sie müssen jedoch eventuell von weicher und zarter Konsistenz sein.

Werden weiche Speisen benötigt, so müssen diese mit dem Löffel oder der Gabel zerteilt und gegessen werden können. Die Speisenkomponenten sind nicht auf eine bestimmte Größe begrenzt. Die Nahrung muss vor dem Schlucken gekaut werden.

Geeignet für Personen ...

- mit ausreichender Kraft, um die Speise so lange zu kauen, bis ein weicher Speisebrei im Mund entsteht;
- mit der Fähigkeit, feste Bestandteile (z. B. Knorpel) selbst aus dem Mund zu entfernen;
- ohne Ermüdungserscheinungen beim Kauen;
- bei welchen keine Erstickungsgefahr bei Speisen mit Bestandteilen größer als 4 mm (IDDSI-Stufe 5) bzw. 1,5 cm (IDDSI-Stufe 6) besteht.
- mit fehlenden Zähnen, schlecht sitzenden Prothesen, Schmerzen im Mundbereich, sofern die Konsistenz leicht zu kauen ist.

Sollten Sie eine leicht zu kauende/weiche Kost benötigen, sind harte, zähe, faserige und knusprige Lebensmittel bzw. deren Bestandteile nicht geeignet. Brot sollte daher entrindet und weiches Obst geschält werden. Auch panierte Speisen sind zumeist ungeeignet.

Wenn dünnflüssige Speisen bzw. Getränke gemäß IDDSI-Stufe 1 nicht sicher geschluckt werden können, so ist bei Speisen mit gemischten Konsistenzen (z. B. dünnflüssiger Fleischsaft gemäß IDDSI-Stufe 0 und weiches Fleisch gemäß IDDSI-Stufe 7) nach Maßgabe von Arzt, Ärztin oder Therapeut:in die Flüssigkeit jedenfalls entsprechend der therapeutisch empfohlenen Flüssigkeitsstufe anzudicken.

Wie gehe ich sicher, dass die Speise bei leicht zu kauender Kost geeignet ist? Folgende Fragen sollten Sie mit „ja“ beantworten können:

- Lässt sich die Speise leicht mit dem Druck einer seitlich gehaltenen Gabel/eines seitlich gehaltenen Löffels „zerschneiden“?
- Können Sie ein Speisenstückchen durch eine Gabel drücken, sodass das Stück danach zerquetscht ist?
- Ist die Speise weich genug, um zwischen zwei Fingern zerdrückt zu werden?

Eine abwechslungsreiche Mischkost mit

- Vollkorn- bzw. Getreideprodukten (Brot, Gebäck, Kartoffeln, Reis, Nudeln ...);
- 3 Handvoll Gemüse und 1–2 Stück Obst am Tag;
- 1–2 Portionen Milchprodukte täglich (Joghurt, Käse, Buttermilch ...);
- 2–3 × pro Woche mageres Fleisch oder fettarme Wurstsorten;
- mindestens 1 × pro Woche Fisch sowie
- 2–3 EL hochwertiges Öl pro Tag (zum Kochen)

versorgt Sie mit der notwendigen Energie und den notwendigen Nährstoffen!

Eine Möglichkeit, um auszutesten, ob die Speise der Stufe 7 entspricht, finden Sie im Anhang ab S. 170.

GESUNDE ERNÄHRUNG

Durch eine ausgewogene Ernährung und – wenn möglich – ausreichend Bewegung können wir selbst auf die Gesundheit unseres Körpers großen Einfluss nehmen. Insofern soll eine ausgewogene und gesunde Ernährung – unabhängig von der Konsistenzstufe – die Grundlage für die Gestaltung des täglichen Speiseplans darstellen. Die Versorgung des Körpers mit den **Hauptnährstoffen** (Eiweiß, Fett, Kohlenhydrate) sowie **Mikronährstoffen** (Vitamine und Mineralstoffe) ist notwendig, damit **komplexe Körpervorgänge** (z. B. die Erhaltung der Muskelkraft, ein gutes Immunsystem etc.) aufrechterhalten werden können. Überdies sind Omega-3-Fettsäuren aus hochwertigen Fettquellen (z. B. Rapsöl, fette Fische etc.) sowie sekundäre Pflanzenstoffe (vorwiegend aus Obst und Gemüse) wertvolle Vitalstoffe. Für die Aufrechterhaltung eines guten und gesunden Ernährungszustandes ist das „3-Komponenten-System" ein ideales Hilfsmittel:

Eiweiß: Beginnen Sie immer mit den eiweißreichen Komponenten auf Ihrem Teller!

Vitamin- und Mineralstoffbomben: Bei jeder Hauptmahlzeit soll Gemüse nicht fehlen; 1–2x täglich eine Handvoll Obst!

Kohlenhydrate: Die Sättigungskomponente liefert dem Körper wertvolle Energie.

Gestalten Sie Ihre konsistenzangepassten Speisen daher aus folgenden Lebensmitteln:

Faustregeln für eine warme ausgewogene Mischkost (Mittag- oder Abendessen)

Speisen mit Eiweiß enthalten:

- 1 handtellergroßes Stück Fleisch ODER
- 1 handflächengroßes Stück Fisch ODER
- 2 Fäuste Hülsenfrüchte ODER
- 1–2 Eier ODER
- 1 Faust Milchprodukte (z. B. [Frisch-]Käse, Topfen/Quark, Milch etc.)

Speisen mit Vitaminen und Mineralstoffen enthalten:

- mindestens 1 Faust Gemüse (z. B. Gemüsebrei oder -soufflé) ODER
- 1 Faust Salat (z. B. Rote-Rüben-Salat – Rezept siehe S. 69) ODER
- 1 Faust Obst (z. B. bei süßen Hauptspeisen)

Speisen mit Kohlenhydraten enthalten:

- 1 Faust Kartoffeln ODER Nudeln ODER Semmelknödel ODER Polenta (Maisgrieß) ODER Couscous ODER Reis etc. (z. B. als Soufflé oder Püree)

Lebensmittel richtig kombinieren

Gemüse und Salat; Obst

Brot, Reis, Nudeln, Kartoffeln, Hirse, Polenta, Getreideflocken etc.

Fleisch, Fisch, Eier, Milchprodukte, Hülsenfrüchte, Tofu

Die abgebildeten Speisekomponenten sind Symbolfotos für die jeweilige Lebensmittelgruppe. Sie müssen an die jeweilige Konsistenzstufe angepasst werden (siehe Stufen ab S. 45).

Faustregeln für eine kalte ausgewogene Mischkost (Frühstück, Mittag- oder Abendessen)

Beispiel 1

Speisen mit Eiweiß enthalten:

- 1 gehäuften EL Aufstrich – ohne Kräuter (z. B. Frischkäse, Hummus, Leberpastete, Geflügel-/Schinkenaufstrich, feiner Eiaufstrich etc.)

Speisen mit Vitaminen und Mineralstoffen enthalten:

- mindestens 1 Faust Gemüse (z. B. Essiggurken – Rezept siehe S. 67) ODER
- Salat (z. B. Rote-Rüben-Salat – Rezept siehe S. 69) ODER
- Obst (z. B. Fruchtmus aus Nachspeise)

Speisen mit Kohlenhydraten enthalten:

- 2 Scheiben Brot (z. B. Breikost-Brot, vorgequollenes Schluckkost-Brot – Rezepte siehe S. 78, S. 104, 118)

Beispiel 2

Speisen mit Eiweiß enthalten:

- 1 Becher (ca. 200 g) cremiges Joghurt ODER 300 ml Milch (bei Bedarf angedickt)

Speisen mit Vitaminen und Mineralstoffen enthalten:

- 1 Faust Obst (z. B. Apfelmus, weiches Birnenkompott in kleinen Stücken ohne Saft, Banane, Beerenmark ohne Kerne etc.)

Speisen mit Kohlenhydraten enthalten:

- 5 EL vorgequollene Vollkorn-Cornflakes ODER
- 5 EL Instant-Getreideflocken ODER
- 2 EL mitgekochten Grieß ODER
- 4 Scheiben mitgekochten Zwieback ODER
- 50 g (5–7 Stück) mitgekochte Süßwaren (z. B. Vollkornkekse, Schnitten, Knusperwaffeln, Biskotten/Löffelbiskuits, Haferkekse etc.)

TIPP: Alle Zutaten miteinander pürieren und bei Bedarf nachdicken (siehe Küchentipps S. 36 und 38)

Als optimale **Zwischen- und Spätmahlzeiten** bieten sich überdies täglich an:

- 1–2 Milch-Mahlzeiten: cremiges Joghurt, cremige Topfen(Quark)-creme, Pudding (mit Schlagobers/Sahne verfeinert), Grießkoch etc.;
- 1 Obst-Mahlzeit: Fruchtmus, passiertes Beerenmark, Banane, weiches Kompott (ohne Saft, in kleinen Stücken) etc.

TIPP: Auch Trinknahrungen können ideal als Zwischen- oder Spätmahlzeit konsumiert werden und versorgen den Körper mit allen Nährstoffen (siehe S. 143 im Kapitel „Mangelernährung“).

MANGELERNÄHRUNG

Unter einem mangelhaften Ernährungszustand versteht man eine quantitativ oder qualitativ unzureichende Versorgung des Körpers mit Energie aus den Hauptnährstoffen Eiweiß, Fett und Kohlenhydraten sowie mit Vitaminen und Mineralstoffen. Schluckstörungen stellen ein besonderes Risiko für Mangelernährung dar.

HINWEIS: Fett und Kohlenhydrate in der Ernährung dienen der Energiegewinnung. Eiweiß hingegen wird für den Aufbau und zur Reparatur von Zellen in Muskeln, Sehnen, Bändern, bei der Blutbildung, im Immunsystem u.v.m. verwendet.

Ursachen für Mangelernährung können sein:

- ungenügende Nahrungs- und somit Nährstoffaufnahme (u.a. durch Schluckstörungen sowie Appetitlosigkeit und einseitige Ernährung);
- erhöhter Nährstoffbedarf (u.a. durch zusätzliche chronische Erkrankungen, z.B. Herz-Kreislauf-Erkrankungen, Nierenerkrankungen etc., die bereits zu Muskelverlust und Abmagerung geführt haben);
- ein eingeschränkter Verdauungs- und Resorptionsprozess.

Auch die Angst vor dem Verschlucken ist hierbei ein Faktor, der nicht zu vernachlässigen ist. Mögliche Folgen der Mangelernährung sind Dehydration[4], Zunahme der Gefahr des „Verschluckens“ und ein erhöhtes Risiko für Lungenentzündungen. Viele Betroffene sind durch die eigene Schwäche auf Fremdverpflegung angewiesen. Diese muss jedoch therapeutisch genau abgestimmt werden.

TIPP: Durchblättern Sie das Speisenangebot von Fremdverpflegern mit Ihrer betreuenden Therapeutin, Ihrem betreuenden Therapeuten. Sollten Sie auf Hilfe bei der Nahrungsaufnahme angewiesen sein, so finden Sie diesbezüglich nützliche Empfehlungen auf S. 25 (unter „Hilfestellungen bei der Nahrungsaufnahme“).

4 Dehydration = Abnahme der Körperflüssigkeit bzw. des Körperwassers

Anzeichen für einen mangelhaften Ernährungszustand können sowohl körperlicher als auch psychischer Art sein und führen immer zu einer Verschlechterung der Lebensqualität.

Kreislauf der Mangelernährung

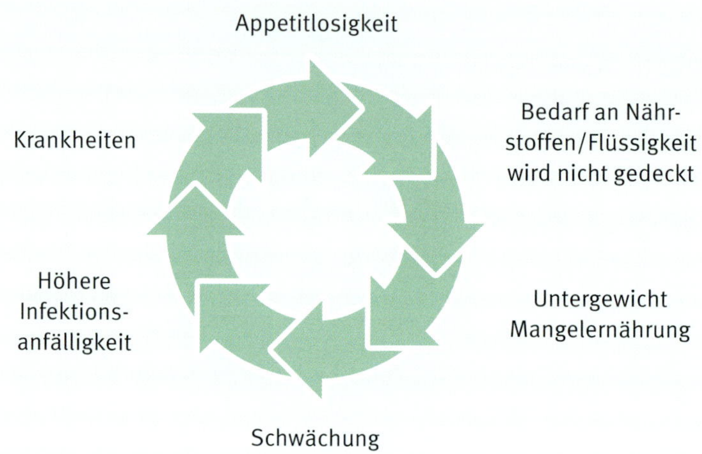

Nach Schindlegger, 2001

Der Body-Mass-Index (BMI) kann hierbei Auskunft über den Ernährungszustand geben. In der Tabelle auf der nächsten Seite können Sie Ihren BMI auf einfache Art ermitteln. Suchen Sie hierfür in der linken Zeile Ihre Körpergröße und in der obersten Zeile Ihr Körpergewicht.

Erwachsene sollten einen BMI zwischen 18,5 und 24,99 kg/m² als Normalbereich anstreben. Ab dem 65. Lebensjahr gilt ein BMI zwischen 22 und 26,99 kg/m² als Idealgewicht.

Da der BMI keine Aussage über die Körperzusammensetzung (Fettmasse, Muskelmasse, Körperwasser) liefert, kann er nicht als alleiniger Indikator für den Ernährungszustand herangezogen werden. Wassereinlagerungen oder eine hohe Fettmasse in Kombination mit reduzierter Muskelmasse können beispielsweise einen scheinbar „normalen“ BMI ergeben. Daher ist die alleinige Beurteilung des Körpergewichtes nur begrenzt sinnvoll; dennoch sollte dieses regelmäßig kontrolliert werden.

Größe	Gewicht											
	50	55	60	65	70	75	80	85	90	95	100	105
2,00	12,50	13,75	15,00	16,25	17,50	18,75	20,00	21,25	22,50	23,75	25,00	26,25
1,95	13,15	14,46	15,78	17,09	18,41	19,72	21,04	22,35	23,67	24,98	26,30	27,61
1,90	13,85	15,24	16,62	18,01	19,39	20,78	22,16	23,55	24,93	26,32	22,70	29,09
1,85	14,61	16,07	17,53	18,99	20,45	21,91	23,37	24,84	26,30	27,76	29,22	30,68
1,80	15,43	16,98	18,52	20,06	21,60	23,15	24,69	26,23	27,78	29,32	30,86	32,41
1,75	16,33	17,96	19,59	21,22	22,86	24,49	26,12	27,76	29,39	31,02	32,65	34,29
1,70	17,30	19,03	20,76	22,49	24,22	25,95	27,68	29,41	31,14	32,87	34,60	36,33
1,65	18,37	20,20	22,04	23,88	25,71	27,55	29,38	31,22	33,06	34,89	36,73	38,57
1,60	19,53	21,48	23,44	25,39	27,34	29,30	31,25	33,20	35,16	37,11	39,06	41,02
1,55	20,81	22,89	24,97	27,06	29,14	31,22	33,30	35,38	37,46	39,54	41,62	43,70

TIPP: Mittels Bioelektrischer Impedanzanalyse (BIA) kann die Körperzusammensetzung durch eine ernährungsmedizinische Fachkraft gemessen werden. Die Messung liefert genaue Daten zum individuellen Ernährungs- und Trainingszustand.

Die Analyse der Ernährungssituation erfolgt anhand folgender Fragen:

- Gibt es eine eingeschränkte Kau- oder Schluckfähigkeit?
- Liegt Appetitlosigkeit vor?
- Besteht ein eingeschränkter Verdauungs- oder Resorptionsprozess?
- Besteht wenig bis kein Hunger- und Durstgefühl?
- Werden kleinere Portionen als gewohnt gegessen?
- Liegt der BMI (Body-Mass-Index) unter 18,5 (für Erwachsene mittleren Alters) bzw. unter 22 (für über 65-Jährige)?
- Bestand ungewollter Gewichtsverlust? (mehr als 5 % des Körpergewichts in 3 Monaten oder 10 % des Körpergewichts in 6 Monaten)?

Kann mehr als einer der oben genannten Punkte mit „Ja“ beantwortet werden, sollte unbedingt eine Ernährungsberatung durch eine medizinische Fachkraft erfolgen! Die Folgen einer lang bestehenden Unter- oder Mangelversorgung des Körpers sind weitreichend, wobei Umfang und Schwere von Ausmaß und Dauer des Nährstoffmangels abhängen.

Das Risiko für Mangelernährung kann von Fachkräften anhand von Screening-Bögen ermittelt und regelmäßig kontrolliert werden. Die anschließende Ernährung sollte ausgewogen sein und für die jeweiligen Bedürfnisse die richtige Konsistenz aufweisen; ebenso sollte sie gut verträglich, energie- und eiweißreich sein!

TIPP: Sprechen Sie mit Ihrer Ärztin, Ihrem Arzt über Ihr persönliches Mangelernährungsrisiko.

Tipps für die Verbesserung des Ernährungszustandes:

- Grundvoraussetzung: Adaptierung der Kost an die individuelle Schluckfähigkeit mithilfe eines Therapeuten, einer Therapeutin – dient des gefahrlosen und angepassten Nahrungsaufnahme.
- Die richtige Konsistenz sowie Art und Zusammensetzung der Speisen und Flüssigkeiten sind hier entscheidend (siehe Konsistenzkostformen ab S. 45).
- Trinken Sie nicht direkt vor oder während einer Mahlzeit, sondern erst danach – außer Nachtrinken wurde Ihnen als Schlucktechnik empfohlen.
- Beginn der Mahlzeiten mit den energiereichen Komponenten; falls ein frühes Sättigungsgefühl einsetzt, wurden zumindest so viele Kalorien wie möglich verzehrt.
- Mehrere kleine Mahlzeiten (6–8) über den Tag verteilt essen.
- Ausgiebig frühstücken – erfahrungsgemäß toleriert der Körper morgens die größte Nahrungsmenge.
- Häufige Zwischenmahlzeiten verzehren, die für die jeweilige Konsistenzstufe passend sind bzw. adaptiert werden, z. B. eiweiß- und energiereiche Trinknahrung, Sahnejoghurt, Trinkjoghurt, kleine Desserts(-cremen), Grieß- oder Hafermilchspeisen, Fruchtmus oder pikante Terrinen und Flane.
- Fertigprodukte verfügbar halten: Vorrat an Tiefkühlfertiggerichten, Pudding, Obstgläschen oder Fertiggerichten anlegen. Vorteil: Jederzeit ohne Aufwand verfügbar.

TIPP: Manche Anbieter von „Essen auf Rädern“ oder „Cook and Freeze“-Hersteller führen in ihrem Sortiment flüssige oder pürierte Kost. Diese kann – wenn nötig – zu Hause mit Andickungsmittel und Küchentricks an die jeweilige Konsistenzform angepasst werden kann (siehe S. 36 „Tipps zur Konsistenzanpassung“).

Tipps zur Aufwertung und Anreicherung von Lebensmitteln:

HINWEIS: Diese Empfehlungen müssen an die jeweilige Konsistenzstufe angepasst bzw. adaptiert werden! Nicht alle Empfehlungen sind für jede Konsistenzstufe geeignet.

TIPP: Besprechen Sie die Anreicherung der Speisen mit Ihrer betreuenden Therapeutin, Ihrem betreuenden Therapeuten.

1 Eiweiß- und energiereiche Trinknahrung

- Als Zwischen- oder Spätmahlzeit:
  Tipp für Abwechslung: die Zusatznahrung gekühlt und eventuell mit Wasser verdünnt genießen oder Produkte mit Kakao- oder Kaffeegeschmack erwärmen und als „Ersatz“ für die richtigen Getränke verwenden.
- Zur Anreichern von süßen Speisen z. B. Pudding, Saucen, Shakes, Cocktails etc. einsetzen; neutrale Varianten zum Anreichern von Speisen verwenden.
- Verfügbarkeit: Trinknahrung ist im Super- und Drogeriemarkt im Diätregal (*allin®*), in der Apotheke (*allin®, Ensure®, Fresubin®, Fortimel®, Resource®*) oder über die Firmen direkt (*Abott, Allin Diätetik, Fresenius, Nestlé, Nutricia*) erhältlich.
- In der Apotheke sind neben den „Standard-Trinknahrungen“ auch bereits angedickte Trinknahrungen (TN) und Cremen (C) verfügbar (z. B. *Resource Dessert®* [C], *Fresubin 2kcal Crème®* [C], *Fresubin DYSPHAGO PLUS®* [TN], *Fresubin YOCrème®* [C]).

HINWEIS: Sprechen Sie mit Ihrer Therapeutin, Ihrem Therapeuten die für Sie passenden Produkte ab.

❷ Module

- Süße und pikante Speisen sowie Getränke mit Modulen anreichern:
  - Kohlenhydratpulver (z. B. Maltodextrin) liefert zusätzliche Kalorien (nicht für Diabetiker:innen geeignet) und verändert die Konsistenz kaum
  - Eiweißpulver enthält wichtige Proteine und hat teilweise eine andickende Wirkung
  - Kombinationsprodukte (z. B. *Fortimel pulver®*, *Resource complete®*) stellen alle Makronährstoffe bereit.
- Verfügbarkeit: Module sind in Super- und Drogeriemärkten, Apotheken und im Direktvertrieb erhältlich.

HINWEIS: Achten Sie darauf, dass die Speisen durch die Verwendung von Modulen keine Klümpchen bekommen. Das Pulver von Nahrungsmodulen immer zuerst in ausreichend Wasser oder Vollmilch glatt rühren, damit es beim Einrühren in die Speisen nicht klumpt. Faustregel: 2 EL Pulver in ca. 4 EL Flüssigkeit verrühren und anschließend in die Speisen (z. B. Suppen, Joghurts, Puddings, Soufflé-Massen vor dem Garen etc.) einrühren.

❸ Anreicherung mit traditionellen Lebensmitteln

- Mindestens 2–3 Esslöffel **hochwertiges Pflanzenöl** (Raps-, Soja-, Walnuss-, Leinsamenöl) pro Tag in den Speiseplan einbauen.

  HINWEIS: Achten Sie darauf, dass sich das Öl in der Speise gut verteilt (bzw. dass sich eine Emulsion gebildet hat), damit sich das Fett nicht auf der Speise absetzt und somit zwei Konsistenzen entstehen.

- **Fettreiche Zubereitung** von Speisen, die zuvor ohne Fett zubereitet wurden; kalte Mahlzeiten, Beilagen und Gemüse mit Margarine oder Butter aufwerten.
- Fein pürierte Avocadocreme passt zu kalten Speisen oder als Dip zu Fleisch- und Fischgerichten.
- Cremesuppen, Saucen oder Desserts mit Schlagobers/Sahne, Mascarpone oder Crème fraîche (Schmand) verfeinern.
- Bewusst vollfette Milch und Milchprodukte (Vollmilch, Schlagobers/Sahne, Crème fraîche/Schmand) sowie feine Aufstriche (Frisch- und Streich-)Käse und Wurst(pasteten) mit einer höheren Fettstufe wählen.

- Gerichte mit **Zucker** durch Traubenzucker, Haushaltszucker, Honig oder Ahornsirup verfeinern (nicht für Diabetiker:innen geeignet).
- Kalorienreiche Gemüse- und Obstsäfte statt Wasser trinken (nicht für Diabetiker:innen geeignet).
- Bewusst **pflanzliches Eiweiß** durch Hülsenfrüchte einsetzen, z. B. in Form von fein püriertem Hummus als Belag oder Dip, feines Bohnen- oder Linsenpüree bzw. -suppen (ohne Schalenreste!) etc.

Manchmal ist eine Ernährung über den Mund nicht möglich oder nicht ausreichend. Dies kann der Fall sein, wenn

- die Beschwerden beim Essen so groß sind, dass es zu einer zu geringen Flüssigkeits- und Nahrungszufuhr und somit zu einem Risiko für Mangelernährung kommt;
- die Gefahr zu groß ist, dass Lebensmittel in die Atemwege gelangen.

Hier muss ärztlich über den Einsatz klinischer Ernährung entschieden werden.

EIWEISSBEDARF UND EIWEISSPORTIONEN

Die wichtigsten Funktionen von Eiweiß (Protein)

Eiweiß ist ein essenzieller Grundbaustein für die Zellbildung und Zellerneuerung von Körpergewebe wie Muskel-, Knochen-, Organ- und Bindegewebe. Proteine haben eine bedeutende Funktion im komplexen Immunsystem des Körpers sowie beim Transport von Sauerstoff. Außerdem ist Eiweiß der Hauptbestandteil von Enzymen und Hormonen. Auch die Speicherung bestimmter Nährstoffe und die Regulation der Flüssigkeitsverteilung im Körper sind unter anderem von Eiweiß abhängig.

Folgen von Eiweißmangel

- Abbau von Muskelmasse und Gewicht;
- körperliche Schwäche;
- verzögerte Wundregeneration;
- mangelhafte Zellregeneration;
- Wassereinlagerungen im Gewebe.

Eiweißbedarf individuell ermitteln

Schritt 1: Eiweißbedarf je nach Allgemeinzustand und Aktivitätsgrad definieren

Empfohlene Menge Eiweiß in Gramm pro Kilo Körpergewicht pro Tag

Allgemeinzustand bzw. Körperaktivität	Eiweißmenge
Gesunde Erwachsene bzw. bei normaler Körperaktivität	mind. 0,8 g
Ab einem Alter von 65 Jahren bzw. bei gesteigerter Körperaktivität	1–1,2 g
In besonderen Lebenssituationen wie Appetitlosigkeit, mangelhaftem Ernährungszustand bzw. zum Muskelaufbau, bei intensiver Körperaktivität, im Sport	0,8–1,7 g

Schritt 2: Errechnen der täglichen Eiweißmenge

Bei Über- oder Untergewicht (siehe BMI-Berechnung S. 140) kann das für die jeweilige Körpergröße entsprechende Normalgewicht laut Broca-Formel eingesetzt werden: Normalgewicht = Körpergröße in cm – 100

Eiweißbedarf × kg Körpergewicht = Eiweißmenge pro Tag
z. B.: 1,2 g Eiweiß × 70 kg = 84 g Eiweiß pro Tag

Umrechnung in Eiweißportionen pro Tag

Eiweißbedarf pro Tag	Essen Sie (eine Eiweißportion entspricht ca. 10 g)
50–60 g	2–3 Portionen Eiweiß pro Tag
60–70 g	3–4 Portionen Eiweiß pro Tag
70–80 g	4–5 Portionen Eiweiß pro Tag
80–90 g	5–6 Portionen Eiweiß pro Tag
90–100 g	6–7 Portionen Eiweiß pro Tag

Schritt 3: Einplanen in den Speiseplan: 1 Eiweiß-Portion mit 10 g Eiweiß entspricht etwa

- 250–300 ml Milch, Sojadrink/-joghurt, Joghurt, Buttermilch, Sauermilch, Kefir
- 100 g Topfen/Quark, Skyr, Cottage Cheese, Frischkäse
- 100 g High protein Creme/Pudding/Drink
- 1 Stück Ei
- 50 g Käse, Wurst, Schinken
- 50 g Fisch, Fleisch (roh gewogen)
- 30 g Fisch, Fleisch (gekocht gewogen)
- 150 g Hülsenfrüchte (Bohnen, Linsen) gekocht/Konserve bzw. 50 g getrocknet
- 200 g Kichererbsen gekocht/Konserve, Erbsen Konserve/Tiefkühlprodukt
- 100 g Tofu
- 50 g Eiweißbrot, 40 g Mandeln, 30 g Erdnüsse
- 12 g Eiweißpulver (= 1–1½ gehäufte Esslöffel, Nährwert beachten!)
- 100 ml eiweißreiche Trinknahrung

HINWEIS: Diese Empfehlungen müssen an die jeweilige Konsistenzstufe angepasst bzw. adaptiert werden! Nicht alle Empfehlungen sind für jede Konsistenzstufe geeignet. So müssen beispielsweise Speisen mit Hülsenfrüchten (Linsen, Bohnen etc.) ohne Schalenbestandteile in der jeweiligen Konsistenzform serviert werden.

TIPP: Besprechen Sie das Einplanen der Eiweißportionen in den Speiseplan mit Ihrer betreuenden Therapeutin, Ihrem betreuenden Therapeuten.

Eiweiß ist nicht gleich Eiweiß

Die biologische Wertigkeit von Eiweiß drückt aus, welche Menge zugeführtes Eiweiß in körpereigenes Eiweiß umgewandelt werden kann. Grundsätzlich kann der Körper tierisches Eiweiß besser verwerten als pflanzliches. Um eine optimale Aufnahme von Eiweiß zu gewährleisten, ist es somit ratsam, tierische und pflanzliche Eiweißlieferanten zu kombinieren. Dieses Ernährungsprinzip wird „biologischer Ergänzungswert“ genannt. Beispiele für Kombinationsmöglichkeiten sind:

Eiweißquelle	Beispiele für die Umsetzung
Kartoffel + Ei	Kartoffelauflauf, Kartoffelsoufflé
Milchprodukt + Kartoffel	Kartoffelpüree, Kartoffelgratin (ohne Kruste)
Milchprodukt + Ei	Topfen(Quark)-Auflauf, Topfentorte (Käsesahnetorte) (ohne Boden), Grieß-Topfen(Quark)-Soufflé
Milchprodukt + Getreide	Grießkoch, Vollkorn-Dinkelgrießkoch, Schluckkostbrot mit Frischkäse (ohne Kräuter), Käsebrot-Brei, Topfen(Quark-)palatschinken mit Vanillepudding, Schluckkost-Lasagne
Getreide + Ei	Pikanter Haferbrei mit Ei, geröstete Knödel mit Ei
Hülsenfrüchte	Hummus, Linsenpüree, Bohnencremesuppe (fein püriert, ohne Schalenbestandteile)

TIPPS

... bei Mundtrockenheit (Oligosialie, Xerostomie)

Von Therapeut:innen kann der Speichelfluss nach folgenden Kriterien eingeteilt werden:

Speichelfluss	beim Kauen	in Ruhe
Hypersalivation	> 3,5 ml/Min	> 1,0 ml/Min
Normosalivation	2,0 ml–3,5/Min	0,3–0,4 ml/Min
Eingeschränkt (Oligosialie)	0,5–2,0 ml/Min	0,3 ml/Min
Keiner (Xerostomie)	< 0,5 ml/Min	< 0,2 ml/Min

Quelle: Altmeyer, 2015

Symptome bei Mundtrockenheit

- zäher Speichel
- brennende Zunge, entzündete Stellen in der Mundhöhle
- Geschmacks- und Geruchsstörungen
- trockene Haut und Schleimhäute (vor allem Mundwinkel, Lippen, Hals, Augen)
- Mundgeruch und Neigung zu Karies
- Verdauungsstörungen
- Probleme beim Sprechen, Schlucken

Auswirkung auf die Speichelbildung

Positiv	Negativ
Ausreichende Flüssigkeitszufuhr	Trockene Luft (überheizte, staubige Räume)
Gutes Kauen	Rauchen, Alkohol
Gute Mundhygiene	Aufregung und Stress
Zuckerfreie Lutschtabletten oder Kaugummis	Chronische Mundatmung, Schlafen mit offenem Mund

Medikamente – vor allem Mittel mit Wirkung auf das vegetative Nervensystem[5] – können auch die Funktion der Mundspeicheldrüsen negativ beeinflussen. Dazu gehören:

- **Psychopharmaka** (trizyklische Antidepressiva, einige Serotonin-Wiederaufnahmehemmer [SSRI] sowie bestimmte Serotonin-Noradrenalin-Wiederaufnahmehemmer [SNRI])
- **Anticholinergika** (bei Blasenschwäche, als krampflösende Medikamente, als Asthmamittel oder gegen Parkinson eingesetzt)
- **Schlafmittel, Beruhigungsmittel** (z. B. Benzodiazepine bei Epilepsie oder Angsterkrankungen)
- **Antihistaminika** (bei allergischen Erkrankungen, Übelkeit oder Erbrechen)
- **Schmerzmittel** (vor allem Opioide sowie Codein gegen Husten)
- **Penicilline**
- **Herz- und Bluthochdruckmedikamente** (wie Diuretika, ACE-Hemmer, Betablocker und Kalziumantagonisten)
- **Chemotherapeutika** (bei der Chemotherapie von Krebspatient:innen wird häufig die Mundschleimhaut stark in Mitleidenschaft gezogen)

In welchem Ausmaß Mundschleimhaut und Speichelfluss betroffen sind, hängt von mehreren Parametern ab. Besprechen Sie Ihre Beschwerden jedenfalls mit Ihrer behandelnden Ärztin, Ihrem behandelnden Arzt!

Sialagoga (Medikamente zur Anregung des Speichelflusses)
Der Wirkstoff Pilocarpin (*Salagen*®) wirkt systemisch anregend auf den Speichelfluss. Speicheldrüsenstimulierende Verfahren sind nur für Betroffene sinnvoll, bei denen die Speicheldrüsen noch Speichel bilden. Ein alternativer Weg kann Akupunktur sein, die Wirkung ist jedoch noch nicht wissenschaftlich belegt.

Künstlicher Speichelersatz
Wenn die Speicheldrüsen gar nicht mehr arbeiten, kann künstlicher Speichel eingesetzt werden. Er ist dem natürlichen Speichel nachempfunden, seine Wirkung ist kurzfristig. Er ist als Spray, Gel oder Mundspülung auf dem Markt erhältlich, beispielsweise *Aldiamed*® Mundgel, *Emofluor*® Mundbefeuchter-Spray, *Glandosane*®-Spray.

---

5 vegetatives Nervensystem = autonomes Nervensystem; „Autonomie" bedeutet, dass über dieses Nervensystem biologisch festliegende, automatisch ablaufende innerkörperliche Prozesse angepasst und reguliert werden, die somit vom Menschen willentlich nicht direkt (sondern allenfalls indirekt) beeinflusst werden können, z. B. die Verdauung.

Weitere Maßnahmen

- Trinken Sie täglich mindestens 1,5 Liter stilles, fluoridhaltiges Mineralwasser, kalten Malventee, Zitronen(melisse)- und Pfefferminztee.
- Führen Sie täglich mehrmals Mundspülungen mit Salzlösungen (in der Apotheke erhältlich), Brühe oder Tee (Schwarz-, Grün- oder Arnikatee) durch.
- Halten Sie Ihre Lippen mit Dexpanthenol oder Vaseline feucht und fettig.
- Achten Sie auf hohe Luftfeuchtigkeit und gute Raumluft.
- Bevorzugen Sie entsprechend Ihrer empfohlenen Konsistenzstufe cremige, saftige Speisen und kauen Sie diese lange und gut.
- Verwenden Sie stets Öl oder Rahm (saure oder süße Sahne) für die Zubereitung, dann werden die Speisen „geschmeidiger“.
- Verzichten Sie auf Alkohol, Salbei- und Kamillentee.

HINWEIS: Dicken Sie stets alle Flüssigkeiten nach Ihrer vorgegebenen Flüssigkeitsstufe ein!

... bei übermäßiger Speichelbildung (Hypersalivation)

Von übermäßigem Speichelfluss, Hypersalivation oder Sialorrhoe spricht man, wenn in Ruhe mehr als 1 ml Speichel pro Minute oder bei Stimulation (z. B. Kauen) mehr als 3,5 ml pro Minute produziert werden. Ursache einer Hypersalivation kann aber auch das Unvermögen sein, den Speichel zu schlucken.

Durch übermäßigen Speichelfluss erhöht sich das Risiko einer Aspiration[6] des Speichels in die Lunge, was zu Atemwegsinfekten und Lungenentzündungen führen kann.

Therapeutische Maßnahmen

- Funktionelle Schlucktherapie zur Reduktion des Aspirationsrisikos: Wesentlich ist das Erlernen bestimmter Schlucktechniken wie das kraftvolle Schlucken („effortful swallowing“), das supraglottische und super-supraglottische Schlucken und das Mendelsohn-Manöver (siehe S. 23).

6 Aspiration = „verschlucken“; Eindringen von Material (z. B. Speichel, Flüssigkeit, Lebensmittel) in die Atemwege

- Richtige Mundpflege (siehe Kapitel „Mundpflege“, siehe unten).
- Mundspülungen (Ihrer Flüssigkeitsstufe entsprechend eingedickt) mit Kamillen- oder Salbeitee bzw. Kräutertinkturen aus Eichenrinde, Nussblättern und Wacholderbeeren.
- Auch das homöopathische Heilmittel „Jaborandi“ wird bei übermäßigem Speichelfluss eingesetzt.

Medikamentöse Behandlung
Die medikamentöse Behandlung von Hypersalivation ist die effektivste. Sprechen Sie über folgende Behandlungsmethoden mit Ihrer behandelnden Ärztin, Ihrem behandelnden Arzt:

- Häufig werden die Wirkstoffe „Scopolamin oral“ oder „transdermal“ eingesetzt. Als Alternativen stehen gleichwertig Atropin-Tropfen oder Amitriptylin zur Verfügung.
- Bei langfristigen Fällen ist die Injektion des Nervengifts „Botulinumtoxin“ abzuwägen.
- Eine Bestrahlung der Speicheldrüsen kann versucht werden, wenn die pharmakologische Behandlung keine Erfolge erzielt.

... für die Mundpflege

Eine gründliche Mundhygiene ist die Basis für den Schluckvorgang sowie eine gute Verdauung und stellt zudem eine effektive Krankheitsvorbeugung dar. Bei verminderter Mundpflege gedeihen im Speichel Krankheitserreger im Übermaß, die lebensbedrohliche Lungenentzündung auslösen können.

Bei Personen mit Schluckstörungen fallen die Bewegungen von Zunge, Lippen und Kiefer zu gering aus, um den Mundraum physiologisch – und somit auf natürliche Weise – sauber zu halten. Daher muss auf die Mundpflege besonders Bedacht gelegt werden, auch wenn keine Nahrung über den Mund zugeführt wird. Bei Prothesenträger:innen muss nicht nur die Prothese gereinigt werden, sondern auch die gesamte Mundhöhle.

Bei Belägen im Mundraum sind Zahn- und Mundpflege besonders wichtig. Verwenden Sie in diesem Fall eine sehr weiche Zahnbürste[7] und eine milde Zahncreme ohne Menthol oder ätherische Öle. Da Beläge häufig

---

7 Tipp für eine weiche Zahnbürste: die Zahnbürste einige Zeit in kochend heißes Wasser tauchen, damit sie weicher wird.

Anzeichen einer Infektion sind, sollten Sie die behandelnde Ärztin, den behandelnden Arzt aufsuchen.

Durchführung
Die Reinigung sollte mindestens 3x täglich, im Idealfall alle 2 Stunden nach Möglichkeit von den Betroffenen selbst oder durch Angehörige oder Pflegekräfte durchgeführt werden. Der:die Betroffene soll in jedem Fall miteinbezogen und über jeden Schritt informiert werden:

- **1. Schritt:** Als Erstes sollte in der Mundhöhle verbleibendes Sekret entfernt werden. Es kann mit einem leicht feuchten, kleinen Schwamm von hinten nach vorne ausgestrichen werden.
- **2. Schritt:** Wird eine Zahnbürste toleriert, sollte erst mit Zahnpasta geputzt werden, wenn Ausspülen vollständig möglich ist. Elektrische Zahnbürsten mit massierenden Bürstenköpfen sind von Vorteil. Wenn eine Reinigung mit der Zahnbürste nicht möglich ist, kann ein Zellstofftuch (z. B. ein reißfestes Papiertaschentuch), das um den Zeigefinger gewickelt wird, verwendet werden. Alle Zahnflächen, das Zahnfleisch und die Mundschleimhäute können dann mit kreisenden Bewegungen und wenig Druck mithilfe von lauwarmem Pfefferminz- oder Salbeitee gereinigt werden.
- **3. Schritt:** Nun wird die Zunge gründlich gereinigt. Dies kann ebenfalls mit einem angefeuchteten Schwamm oder Tuch geschehen. Es sollte längs und quer geputzt werden, Beläge, die sich lösen, sollten einfach aus dem Mund gestrichen werden.
- **4. Schritt:** Als Letztes müssen auch die Lippen mit einem Tuch feucht gereinigt werden. Danach werden sie mit einer fettreichen Salbe gepflegt.

HINWEIS: Lassen Sie sich die Mundhygiene vor allem bei schweren Schluckstörungen von Ihrer Therapeutin, Ihrem Therapeuten zeigen.

… bei Entzündungen der Mundschleimhaut (Stomatitis)

Eine Entzündung der Mundschleimhaut (Stomatitis), die häufig in Kombination mit wunden Stellen (Mukositis) auftritt, kann z. B. durch Pilzbefall, Chemo- und Strahlentherapie verursacht werden. Die Therapie erfolgt in erster Linie durch den Einsatz von Mundspüllösungen und die Einnahme von Antibiotika und Antimykotika.

Therapeutische Maßnahmen

- Propolis (Bienenharz) ist in Apotheken als 10%ige Lösung erhältlich und wirkt schmerzstillend. Tragen Sie die Lösung mehrmals täglich auf die entzündlichen Stellen auf.
- Teebaumöl (Melaleuca alternifolia) wirkt abtötend gegen Bakterien, Pilze und Viren. Empfehlenswert bei Entzündungen ist die Anwendung von medizinisch gereinigtem Teebaumöl (z. B. *Tebodont*®-Gel).
- Bei leichten Entzündungen kann Dexpanthenol (z.B. *Bepanthen*®) zum Einpinseln der betroffenen Areale oder als Spülung eingesetzt werden.
- Pflanzliche Wirkstoffe aus Kamillenblüten, Salbei oder Myrrhe wirken antiseptisch und können zum Spülen verwendet werden. Salbei sollte wegen seiner Nebenwirkungen nur kurze Zeit angewandt werden.
- Für die Mund- und Zahnpflege können auch milde (alkoholfreie!) Mundspüllösungen aus der Apotheke (z.B. *Glandomed*®), Salbei- oder Eibischtee sowie mildes Salz- oder Honigwasser mit einem Zellstofftuch aufgetragen werden.
- Werden Zahnbürsten toleriert, putzen Sie die Zähne mit einer sehr weichen Zahnbürste.

TIPP: Tauchen Sie die Zahnbürste einige Zeit in kochend heißes Wasser, damit sie weicher wird. Ersetzen Sie scharfe Zahnpasta durch Zahnöl oder fluoridreiches Zahngel.

HINWEIS: Fragen Sie Ihren Therapeuten, Ihre Therapeutin, ob Mundspüllösungen angewendet werden dürfen bzw. eingedickt werden sollten!

Ernährungsempfehlungen

- Bei massiven Entzündungen im Mundraum kann kurzfristig flüssigere Kost notwendig sein. Besprechen Sie die Konsistenz der Speisen mit einer Ärztin, einem Arzt oder einer Logopädin, einem Logopäden!
- Kartoffelpüree und Milchspeisen wie Hafer-, Reis- oder Grießbrei können schmerzhaft in der Mundhöhle kleben bleiben und setzen die Speichelproduktion herab. Stark stärkehaltige Speisen sollten daher für die Dauer akuter Entzündungen gemieden werden.

- Vermeiden Sie Fruchtsäuren aus Fruchtsäften, Früchtetees sowie Kohlensäure und Essig. Alternativen dazu sind Babysäfte, Karottensaft oder Gemüsesäfte mit Wasser verdünnt und in der nötigen Stärke eingedickt. Obst- und Gemüsesorten mit hohem Fruchtsäuregehalt sind vor allem Johannisbeeren, Orangen, Grapefruit, Rhabarber und Tomaten.
- Gut gekühlte und ggf. mit Wasser verdünnte (eingedickte) Trinknahrung kann zur Unterstützung der Energie- und Nährstoffzufuhr getrunken werden.
- Für die Wundheilung ist eine ausreichende Versorgung mit Eiweiß wichtig. Achten Sie daher auf proteinreiche Kost.
- Auch Alkohol, Kaffee und Nikotin reizen die Schleimhaut – darauf sollte in jedem Fall verzichtet werden.

ANHANG

Lebensmittelliste

✓ = geeignet, × = ungeeignet

Beschreibung/Erkennungsmerkmale	**Stufe 3** verflüssigt stark dickflüssig	**Stufe 4** breiig/püriert	**Stufe 5** zerkleinert & durchfeuchtet	**Stufe 6** weich & mundgerecht
Keine Haut oder Kruste nach dem Kochen, nach dem Erhitzen und nach dem Stehenlassen	✓	✓	✓	✓
Es setzt sich kein Wasser bzw. keine Flüssigkeit ab	✓	✓	✓	✓
Verflüssigt-breiig-homogene Konsistenz ohne feste Stückchen/ Bestandteile	✓	✓	✓	✓
Behält seine Form auf einem Löffel, einer Gabel bzw. einem Teller	×	✓	✓	✓
Weich-grießige Konsistenz	×	✓	✓	✓
Hat weiche, abgerundete, feuchte, kleine (2–4 mm) Klümpchen mit durchgängig weicher Konsistenz, die somit durch die Zinken einer Gabel passen	×	×	✓	✓
Hat weiche, abgerundete, feuchte, kleine (8–15 mm) Klümpchen mit durchgängig weicher Konsistenz	×	×	×	✓
Mürbe Stückchen (z. B. Kuchen, Biskuit)	×	×	×	✓
No-Gos – Achtung bei folgenden Speisen!				
Gemischte Konsistenzen – dünnflüssig mit fest (z. B. klare Suppe mit Einlage)	×	×	×	×
Hartes und Trockenes (z. B. Nüsse, rohe Karotten)	×	×	×	×
Faseriges oder schwer zu Kauendes (z. B. Spargel, Rhabarber)	×	×	×	×
Zähes (z. B. Käsewürfel, Kaubonbons, Kaugummi, klebriges Kartoffelpüree)	×	×	×	×
Gummiartig oder klebrig (z. B. überhitzte Haferflocken, Klebreis, essfertige Gelatine, Nussbutter)	×	×	×	×
Knusprig, knackig, stachelig, bröselig; scharfkantig (z. B. gebratener Speck, Chips, Kekse, Popcorn)	×	×	×	×
Schalen, Körner, Kerne, Spelzen (z. B. Trauben, Beeren, Kleie, Samen)	×	×	×	×
Haut, Knochen, Gräten (z. B. von Huhn oder Fisch)	×	×	×	×
Runde, längliche Speisen (z. B. Würstchen, Trauben)	×	×	×	×
Feste/harte Stücke, Haut oder Krusten, die während der Zubereitung entstehen	×	×	×	×

Lasche Textur (z. B. Blattspinat, feine Gurkenscheiben, Kräuter)	×	×	×	×
Saftiges Obst, bei dem sich der Saft von der Frucht im Mund trennt (z. B. Wassermelone)	×	×	×	×
Lebensmittel und Speisenzubereitungen	**Stufe 3** stark dickflüssig	**Stufe 4** breiig/püriert	**Stufe 5** zerkleinert & durchfeuchtet	**Stufe 6** weich & mundgerecht
Milchprodukte				
Dünnbreiige, homogene Milchbreie, nicht klebrig (siehe auch Getreideerzeugnisse)	✓	✓	✓	✓
Homogener, verflüssigter Pudding ohne Haut und ohne Klümpchen (z. B. Vanille-, Schokoladen-, Erdbeer-, Karamell-, Pistaziengeschmack)	✓	✓	✓	✓
Milchgetränke ohne feste Bestandteile, entsprechend angedickt (z. B. Vollmilch, Vanillemilch, Trinkkakao)	✓	✓	✓	✓
Milchshakes bzw. -frappés püriert/passiert ohne feste Bestandteile, ohne Eis, entsprechend angedickt (z. B. Bananenfrappé, Smoothies auf Milch- oder Joghurtbasis)	✓	✓	✓	✓
Speiseeis/Sorbet ohne feste Bestandteile wie Schokostückchen, Fruchtkerne, Kokosraspeln (z. B. Vanille, Topfen/Quark, Fiocco, Schokolade, Mango, Apfel)	✓	✓	✓	✓
Homogene, verflüssigte (Frucht-)Joghurt- oder Topfencremen ohne Stücke (z. B. Vanillegeschmack, Fruchtjoghurt passiert, Kaffeedessertjoghurt)	✓	✓	✓	✓
Cremiger, gestockter Pudding ohne Haut, Paradiescremen, Dessertcremen ohne feste Stücke (z. B. Vanille-, Schokoladen-, Erdbeer-, Pistaziengeschmack)	×	✓	✓	✓
Geschlagenes, festes Obers/Sahne (nicht schmelzend), Paradiescremen ohne feste Stücke	×	✓	✓	✓
Homogene, cremig-stichfeste Milchspeisen ohne Haut und ohne Stücke, mit passierten Früchten (z. B. Pudding, Flan, Joghurt- oder Topfen[Quark-]creme), Baby-Gläschen „nach dem 4. Monat": z. B. Frucht & Joghurt, Früchteduett, Joghurt und Heidelbeere	×	✓	✓	✓
Dicke Milchspeisen mit kleinen, weichen Klümpchen, die durch die Zinken einer Gabel passen (z. B. Grießpudding)	×	×	✓	✓
Milchspeisen mit maximal 1,5 cm großen, weichen Klümpchen (z. B. Baby-Gläschen „ab dem 10. Monat" „Kaiserschmarrn mit Apfelmus")	×	×	×	✓
Alle Milchspeisen und -produkte mit Kräutern, Kernen/Schalen/Fasern von Obst und Gemüse oder fester Dekoration (z. B. Kräuteraufstrich, Beerenjoghurt, Topfen-/Quarkauflauf mit Rosinen, Stracciatellajoghurt mit Schokostückchen), Baby-Gläschen „ab dem 10. Monat" mit Müsli	×	×	×	×

Obst und Obstzubereitungen				
Homogene, dünne Obstbreie aus püriertem bzw. passiertem Obst oder aus Kompott OHNE Schalenanteile oder Kerne (es darf sich keine Flüssigkeit absetzen), bei Bedarf mit Fruchtsaft verdünnt und mit Andickungsmittel stabilisiert (z. B. Apfelmus, Pfirsichmus, Nektarinenmus, Birnenmus, Erdbeermus, Bananenmus, passierte Fruchtsuppe)	✓	✓	✓	✓
Passierte Marmelade ohne Stücke oder Kerne (z. B. Marille/ Aprikose passiert, Erdbeere passiert)	✓	✓	✓	✓
Obstsäfte und -smoothies ohne Fruchtfleisch, Kerne, feste Bestandteile; entsprechend angedickt und stabilisiert gegen das Absetzen von Inhaltsstoffen bzw. Fruchtsaft	✓	✓	✓	✓
Püriertes, frisches Obst oder Kompott OHNE Schalenanteile oder Kerne (es darf sich keine Flüssigkeit absetzen), bei Bedarf mit Andickungsmittel stabilisiert (z. B. Apfelmus, Pfirsichmus, Nektarinenmus, Birnenmus, Erdbeermus, Bananenmus, Obst-Babygläschen „nach dem 4. Monat")	×	✓	✓	✓
Frisches oder gegartes Obst bzw. Kompottstücke, zerdrückt, OHNE Schale, Kerne oder feste Stücke mit kleinen Fruchtstückchen, die durch die Zinken einer Gabel passen (z. B. Bananen). Es darf sich kein Saft absetzen oder beim Kauen austreten!	×	×	✓	✓
Frisches oder gegartes Obst, zerdrückt, ohne Schale, Kerne oder feste Stücke mit maximal 1,5 cm kleinen Fruchtstückchen (z. B. Banane). Es darf sich kein Saft absetzen oder beim Kauen austreten!	×	×	×	✓
Weiche, geschälte, flüssigkeitsreiche Obstsorten mit austretender Flüssigkeit beim Biss (z. B. Wassermelone), zerdrückt in maximal 1,5 cm kleine Stücke	×	×	×	✓
Kompott mit Schalenanteilen, Kernen, Fasern und/oder Saft (z. B. Ananaskompott, Mandarinenkompott, gemischtes Kompott mit Trauben oder Kirschen, Grütze, Holler- oder Zwetschkenröster)	×	×	×	×
Frische Wassermelone, Kiwi, Ananas, Trauben, Kirschen, Rhabarber, Beeren, Zwetschken, Zitrusfrüchte mit Schale und Kernen	×	×	×	×
Getrocknete Früchte, kandierte Früchte, Früchte mit Schokoladenüberzug	×	×	×	×
Konfitüre mit ganzen Stücken/Kernen	×	×	×	×
Getreideprodukte				
Dünnbreiige, homogene Getreidebreie, süß oder pikant, nicht klebrig, die nur mit einem Löffel gegessen werden können (z. B. aus feinem Grieß, feiner Polenta, Instant-Haferbrei, Instant-Reisbrei, Reismehl, Kindergetreidebrei, Grießkoch, Brotbrei, Striezel-/Hefezopfbrei)	✓	✓	✓	✓
Dünnbreiiger, passierter Striezel (Hefezopf), nicht klebrig (z. B. Briochebrei mit Honig)	✓	✓	✓	✓
Hafer- und Reismilch, bei Bedarf entsprechend angedickt	✓	✓	✓	✓

Dickbreiiger, passierter Striezel (Hefezopf), nicht klebrig (z. B. Schluckkoststriezel)	×	✓	✓	✓
Dicker, homogener Getreidebrei, süß oder pikant (aus feinem Grieß, feiner Polenta, Instant-Haferbrei, Instant-Reisbrei, Nudeln), nicht klebrig, der dick genug ist, um mit einer Gabel gegessen zu werden (z. B. Kindergetreidebrei, Baby-Gläschen „nach dem 4. Monat" und „ab dem 6. Monat", Grießbrei, Keksbrei, Abendbrei)	×	✓	✓	✓
Passierte, homogene Reis-, Nudel-, Maiszubereitungen, cremig gestockt und geformt bzw. als Soufflé	×	✓	✓	✓
Dickbreiiges, passiertes Brot, nicht klebrig (z. B. Breikostbrot)	×	✓	✓	✓
Getreideflocken sehr weich gequelltes in sehr dicker Sauce mit kleinen, weichen Getreideklümpchen, die durch die Zinken einer Gabel passen – aus den Flocken tritt keine Flüssigkeit aus (z. B. Getreidebreie mit kleinen, weichen Klümpchen, die durch die Zinken einer Gabel passen)	×	×	✓	✓
Mit Andickungsmittel vorgequelltes Brot aus fein vermahlenem Getreide ohne Körner oder Rinde, nicht klebrig in max. 4 mm kleinen Stücken (z. B. Schluckkostbrot)	×	×	✓	✓
Getreideflocken sehr weich gequellt in cremiger Sauce mit max. 1,5 cm kleinen Getreideklümpchen, kein Flüssigkeitsaustritt	×	×	×	✓
Mit Andickungsmittel vorgequollenes Brot aus fein vermahlenem Getreide ohne Körner oder Rinde, nicht klebrig, in maximal 1,5 cm kleinen Stücken (z. B. Schluckkostbrot)	×	×	×	✓
Brot aus fein vermahlenem Getreide ohne Rinde, ohne Körner sowie nicht klebrig in 1,5 × 1,5 cm kleinen Stücken	×	×	×	✓
Mürbes Kipferl (Hörnchen), Brioche, Striezel (Hefezopf) OHNE Hagelzucker, Mandelblättchen, Rosinen vorgequellt in 1,5 × 1,5 m großen Stücken	×	×	×	✓
Mürbes Kipferl, Brioche, Striezel (Hefezopf) OHNE Hagelzucker, Mandelblättchen, Rosinen in 1,5 × 1,5 cm großen Stücken	×	×	×	✓
Müsli, Frühstückscerealien mit festen Bestandteilen, in nicht eingedickter Flüssigkeit, Baby-Gläschen „ab dem 10. Monat" mit Müsli	×	×	×	×
Grobes Brot, Brot mit Rinde, Gebäck, Zwieback	×	×	×	×
Brotaufstriche				
Siehe Obst- und Obstzubereitungen, Milchprodukte und Käse, Fette und Öle, Ei und Eizubereitungen. Hier finden Sie viele Möglichkeiten!				
Honig	×	✓	✓	✓
Homogener Schokoladen- bzw. Nuss-Nougat-Aufstrich	×	✓	✓	✓
Homogener, cremiger Aufstrich, nicht klebrig, ohne Kräuter und ohne feste Stücke (z. B. Frischkäse, Hummus, feine Streichwurst)	×	✓	✓	✓
Streichfett (z. B. Butter, Margarine)	×	✓	✓	✓
Aufstriche grob und/oder mit Körnern, Nüssen, Kräutern	×	×	×	×

Käse				
Käse im Rezept verarbeitet, nicht klebrig oder zäh (z. B. Parmesan oder Toastkäse in Béchamel, Käsebrotbrei, Kartoffelsoufflé)	✓	✓	✓	✓
Cremiger, glatter Frischkäse, Gervais, Topfen(Quark-)aufstrich ohne Kräuter und ohne feste Stücke	×	✓	✓	✓
Ziegen- und Schafsfrischkäse ohne Kräuter und ohne feste Stücke	×	✓	✓	✓
Streich- und Schmelzkäse, nicht klebrig, ohne Kräuter und ohne feste Stücke	×	✓	✓	✓
Mozzarella, kalt, in 1,5 cm kleinen Stücken	×	×	×	✓
Landfrischkäse (Cottage Cheese) mit und ohne Kräuter	×	×	×	×
Feta mit oder ohne Kräuter	×	×	×	×
Quargel/Harzer Käse, weicher Schnittkäse (z. B. Gouda), harter Schnittkäse (z. B. Emmentaler), Parmesan ganz oder gerieben	×	×	×	×
Speisen mit Käse überbacken bzw. gratiniert	×	×	×	×
Zähflüssiger, klebriger, gummiartiger Käse	×	×	×	×
Käse mit Kräutern/fester Dekoration, z. B. Kräuteraufstrich; Frischkäse mit Paprikastückchen, Kartoffelkäse	×	×	×	×
Wurstwaren				
Feine, homogene Streichwurst	×	✓	✓	✓
Grobe Streichwurst/Fleischaufstriche mit sehr weichen, kleinen Stücken, die durch die Zinken einer Gabel passen, ohne Knorpel oder feste Stückchen (z. B. Schinkenpastete)	×	×	✓	✓
Extrawurst, Purzelwurst, Kalbspariser in max. 1,5 cm großen Würfeln	×	×	×	✓
Feste Wurst, Wurst mit Stücken oder Haut, wie z. B. Hartwurst, Rohschinken, Käsewurst, Wiener Wurst, Pfefferschinken	×	×	×	×
Fette und Öle				
Hochwertige pflanzliche Öle, Margarine und Butter in der Rezeptur verarbeitet	✓	✓	✓	✓
Butter und Margarine als Streichfett	×	✓	✓	✓
Speise in Butter/Margarine bzw. in hochwertigem pflanzlichem Öl geschwenkt	×	×	×	✓
In flüssigem Fett bzw. in Öl schwimmend	×	×	×	×
Suppen & Saucen				
Pürierte bzw. passierte Cremesuppen/Saucen ohne Stücke, entsprechend der empfohlenen Konsistenzstufe bzw. Andickung	✓	✓	✓	✓
Cremesuppe/Sauce mit Stücken, losen oder gehackten Kräutern, Croûtons	×	×	×	×
Klare Suppen mit Einlage, instabile Cremesuppen oder Saucen (Flüssigkeit bzw. Zutaten setzen sich ab)	×	×	×	×

Fleisch und Fleischzubereitungen				
Alle Fleischsorten passiert und verflüssigt zubereitet (z. B. dünnbreiig passiertes Kalb-, Schweine-, Rind- und Geflügelfleisch)	✓	✓	✓	✓
Alle Fleischsorten passiert, cremig gestockt und geformt (z. B. passiertes Kalb-, Schweine-, Rind-, Lamm- und Geflügelfleisch als Soufflé), Baby-Gläschen „nach dem 4. Monat" (z. B. Rindfleischzubereitung, Hühnerfleischzubereitung)	×	✓	✓	✓
Sehr weich zubereitetes, faschiertes Fleisch mit kleinen Stücken, die durch die Zinken einer Gabel passen, in sehr dicker Sauce	×	×	✓	✓
Leberkäse kalt oder gedämpft ohne Kruste in kleinen Stücken, die durch die Zinken einer Gabel passen, in sehr dicker Sauce	×	×	✓	✓
Frankfurter/Wiener Würstchen und Knackwurst ohne Haut in kleinen Stücken, die durch die Zinken einer Gabel passen, in sehr dicker Sauce	×	×	✓	✓
Sehr weiches, feinfaseriges Fleisch in max. 1,5 cm kleinen Stücken (ohne Fettstücke, Sehnen oder Knorpel), z. B. Geflügelbrustfleisch, Kalbsschnitzelfleisch, Beef Tatar ohne feste Stücke	×	×	×	✓
Leberkäse kalt oder gedämpft in max. 1,5 cm kleinen Würfeln ohne Kruste	×	×	×	✓
Frankfurter/Wiener Würstchen und Knackwurst ohne Haut in max. 1,5 cm kleinen Würfeln	×	×	×	✓
Fleisch paniert, in Fett herausgebacken (z. B. Schnitzel, Nuggets, Hühnersticks)	×	×	×	×
Faseriges, trockenes, gegrilltes Fleisch und Fleischzubereitungen (z. B. Koteletts, Bratwürstchen, Grillhuhn)	×	×	×	×
Fisch und Fischzubereitungen				
Alle Fischsorten passiert und dünnbreiig-homogen zubereitet (z. B. Lachs, Scholle, Dorsch, Forelle)	✓	✓	✓	✓
Alle Fischsorten passiert, cremig gestockt und geformt zubereitet (z. B. Lachs, Scholle, Dorsch, Forelle als Soufflé, Fischterrine/-pastete), Babygläschen „nach dem 4. Monat" und „ab dem 6. Monat" ohne Kräuter (z. B. feiner Kartoffelbrei mit Alaska-Seelachs)	×	✓	✓	✓
Homogener Fischaufstrich ohne Stücke oder Kräuter	×	✓	✓	✓
Sehr weicher Fisch ohne Gräten, ohne Haut in kleinen Stückchen, die durch die Zinken einer Gabel passen, in sehr dicker Sauce (z. B. gedämpftes Lachsfilet geschnitten/zerteilt)	×	×	✓	✓
Sehr weicher Fisch ohne Gräten, ohne Haut in max. 1,5 cm kleinen Stückchen, Lachs-Tatar, ohne feste Stücke oder Kräuter (z. B. Schollenfilet grätenfrei, Lachs, Jakobsmuscheln gedämpft oder in Folie gegart)	×	×	×	✓
Fisch mit Gräten oder Haut (z. B. gegrillter Zander, Fisch in Salzkruste)	×	×	×	×

Panierter Fisch, in Fett herausgebacken, gegrilltes Fischfilet (z. B. Fischstäbchen, gebackene Scholle, Calamari fritti, gegrilltes Lachsfilet)	×	×	×	×
Russen, Rollmops (Heringe), Heringsalat	×	×	×	×
Kaviar/-ersatz	×	×	×	×
Ei und Eizubereitungen				
Ei in der Rezeptur verarbeitet (z. B. legierte Suppen, in Soufflés ab Stufe 4)	✓	✓	✓	✓
Eistich	×	✓	✓	✓
Passierter, homogener Eiaufstrich ohne Stücke oder Kräuter	×	✓	✓	✓
Mayonnaise ohne Kräuter oder Stücke	×	✓	✓	✓
Weiche, saftige Eierspeise (Rührei) ohne Kräuter	×	×	✓	✓
Spiegelei	×	×	×	×
Hart gekochte Eier	×	×	×	×
Gemüse und Gemüsezubereitungen				
Passierte, homogene Gemüsecremesuppen und Gemüsebreie ohne Fasern und ohne feste Stücke/Schalenbestandteile (z. B. aus Spinat, Brokkoli, Karfiol/Blumenkohl, Karotten, Champignons, Zucchini, Sellerie, Tomaten, Roten Rüben, Schwarzwurzeln, Mais ...) entsprechend der empfohlenen Konsistenz	✓	✓	✓	✓
Pürierte bzw. passierte Kräuter in der Rezeptur verarbeitet	✓	✓	✓	✓
Gemüsesaft ohne Fruchtfleisch, Fasern, Kerne, Schalen, bei Bedarf entsprechend angedickt und stabilisiert gegen das Absetzen von Inhaltsstoffen (z. B. Smoothies)	✓	✓	✓	✓
Passierte, cremig gestockte und geformte Gemüsebreie (z. B. als Soufflé)	×	✓	✓	✓
Gemüse-Babygläschen „nach dem 4. Monat“ und „ab dem 6. Monat“ auch mit Fleisch oder Fisch (z. B. Karotten, Kürbis, Spinat mit Kartoffeln, Gemüseallerlei)	×	✓	✓	✓
Rote-Rüben-Salat, Gurken, gekochter Karottensalat, Tsatsiki homogen gemixt und mit Andickungsmittel aus der Apotheke angedickt bzw. stabilisiert	×	✓	✓	✓
Sehr weiches, zerdrücktes, gestampftes, püriertes Gemüse OHNE Schalen oder Kerne mit kleinen Stücken, die durch die Zinken einer Gabel passen (z. B. Karotten, Zucchini, Sellerie, Rote Rüben, Pastinaken, Kürbis, Süßkartoffel)	×	×	✓	✓
Gemüse-Babygläschen „ab dem 8. Monat“, auch mit Fleisch oder Fisch (z. B. Kartoffeln mit mildem Rahmgulasch, buntes Gemüse mit Süßkartoffeln und Hühnchen)	×	×	✓	✓
Avocado, zerdrückt mit kleinen Stücken, die durch die Zinken einer Gabel passen	×	×	✓	✓

Sehr weich gegartes Gemüse ohne Schale bzw. Kerne, in max. 1,5 cm kleinen Stücken, z. B. Karotten, Zucchini, Sellerie, Rote Rüben, Pastinaken, Kürbis	✗	✗	✗	✓
Gemüse-Babygläschen ohne Erbsen, Maiskörner, Spaghetti oder Kräuter „ab dem 12. Monat“, auch mit Fleisch oder Fisch (z. B. Gemüseallerlei mit Rind, Kartoffel-Kürbis-Gemüse mit Hühnchen)	✗	✗	✗	✓
Avocado, zerdrückt mit max. 1,5 cm kleinen Stückchen	✗	✗	✗	✓
Rote-Rüben-Salat ohne Marinade, Gurke ohne Schale und entkernt, in max. 1,5 cm kleinen Stücken oder Würfeln	✗	✗	✗	✓
Verholztes Gemüse, faseriges Gemüse und Gemüsezubereitungen, Zubereitungen mit Schalenanteilen (z. B. Spargel, Sauerkraut, Schwarzwurzeln, Erbsen, Maiskörner)	✗	✗	✗	✗
„Lasches“ Gemüse wie Blattgemüse, Blattsalate	✗	✗	✗	✗
Hartes, rohes Gemüse	✗	✗	✗	✗
Lose oder gehackte Kräuter, frisch oder getrocknet	✗	✗	✗	✗
Beilagen				
Siehe Getreideprodukte. Hier finden Sie viele Möglichkeiten!				
Passierte Kartoffelcremesuppe entsprechend der empfohlenen Konsistenz	✓	✓	✓	✓
Cremiges Kartoffelpüree, nicht klebrig, ohne feste Stücke (Instant oder frisch)	✗	✓	✓	✓
Sehr weich gegarte, geschälte Kartoffeln ohne Kräuter mit kleinen Stücken, die durch die Zinken einer Gabel passen (z. B. Soufflé ohne Kruste mit geriebenen Kartoffeln)	✗	✗	✓	✓
Sehr weich gekochte, dicke Teigwaren in kleinen Stücken, die durch die Zinken einer Gabel passen, in sehr dicker Sauce	✗	✗	✓	✓
Flaumige, sehr weiche, nicht klebrige Spätzle/Nocken in kleinen Stücken, die durch die Zinken einer Gabel passen, in sehr dicker Sauce	✗	✗	✓	✓
Flaumige, nicht klebrige Grießknödel bzw. -rolle, weiche Polentaschnitte ohne Kruste in kleinen Stücken, die durch die Zinken einer Gabel passen, in sehr dicker Sauce	✗	✗	✓	✓
Weicher Couscous, Tarhonya, Bulgur in einer kompakten Masse (z. B. Soufflé)	✗	✗	✓	✓
Sehr weich gegarte, geschälte Kartoffeln ohne Kräuter in max. 1,5 cm kleinen Stücken	✗	✗	✗	✓
Sehr weich gekochte, dicke Teigwaren in max. 1,5 cm kleinen Stücken (z. B. frische Fettuccine)	✗	✗	✗	✓
Flaumige, sehr weiche, nicht klebrige Spätzle/Nocken in 1,5 cm kleinen Stücken	✗	✗	✗	✓
Flaumige, nicht klebrige Grießknödel bzw. -rolle, weiche Polentaschnitte ohne Kruste in max. 1,5 cm kleinen Stücken	✗	✗	✗	✓

Weiche, flaumige, nicht klebrige Semmelrolle in 1,5 cm kleinen Stücken (z. B. weiche Knödel mit Ei)	×	×	×	✓
Reis, nicht klebrig, jedoch als kompakte Masse, keine einzelnen Körner	×	×	×	✓
Gekochte Kartoffeln mit Schale	×	×	×	×
Klebriger Kartoffelteig, klebrige Schupfnudeln	×	×	×	×
Pommes frites, Bratkartoffeln, Kroketten, Chips	×	×	×	×
Spaghettinudeln, Suppennudeln, Fadennudeln	×	×	×	×
Couscous, Bulgur, loser Reis	×	×	×	×
Hülsenfrüchte, Nüsse und Mohn				
Pürierte und passierte Hülsenfrüchte cremig-dünnbreiig zubereitet ohne Schalenreste aus Bohnen, Erbsen, Kichererbsen, Linsen (z. B. Erbsen- oder Linsenbrei, Kichererbsenbrei)	✓	✓	✓	✓
Sojajoghurt ohne feste Stück/Kerne (z. B. Vanillegeschmack, Heidelbeer-Sojajoghurt passiert)	✓	✓	✓	✓
Soja-, Mandel- und Kokosmilch entsprechend angedickt	✓	✓	✓	✓
Marzipan, Persipan, gelöst in der Rezeptur verarbeitet	✓	✓	✓	✓
Erdnussbutter ohne Stücke, nicht klebrig	×	✓	✓	✓
Nuss-Nougat-Aufstrich ohne Stücke, nicht klebrig	×	✓	✓	✓
Pürierte und passierte Hülsenfrüchte, gestockt und geformt ohne Schalenreste aus Bohnen, Erbsen, Kichererbsen, Linsen (z. B. als Soufflé, Hummus)	×	✓	✓	✓
Sehr weich gegartes Sojagranulat in kleinen Stücken, die durch die Zinken einer Gabel passen, in sehr dicker Sauce (z. B. vegetarische Sauce Bolognese)	×	×	✓	✓
Sehr weich gegartes, grobes Sojageschnetzeltes in max. 1,5 cm kleinen Stücken (auf Druck und Biss darf keine Flüssigkeit austreten)	×	×	×	✓
Tofu in 1,5 cm kleinen Stücken	×	×	×	✓
Seitan in 1,5 cm kleinen Stücken	×	×	×	✓
Weich gekochte Bohnen, Erbsen, Kichererbsen, Linsen	×	×	×	×
Nüsse und Mohn ganz, gehobelt oder gemahlen	×	×	×	×
Mehlspeisen und Desserts				
Siehe Obst und Obstzubereitungen sowie Milchprodukte. Hier finden Sie viele Möglichkeiten!				
Cremige Topfennocken ohne Stücke	×	✓	✓	✓
Weicher, flaumiger Auflauf ohne Rosinen oder feste Stücke und OHNE Kruste (z. B. Topfenauflauf)	×	×	✓	✓
Weicher Kaiserschmarrn ohne Kruste, ohne Rosinen in max. 1,5 cm kleinen Stücken	×	×	×	✓

Weiche Palatschinken/Pfannkuchen mit homogener Fülle in max. 1,5 cm kleinen Stücken	×	×	×	✓
Saftige Biskuitroulade mit homogener Fülle in max. 1,5 cm kleinen Stücken	×	×	×	✓
Saftige Biskuitteige mit homogener Joghurt-, Topfen(Quark)- und Cremeauflage, ohne feste Stücke oder Dekoration in max. 1,5 cm kleinen Stücken	×	×	×	✓
Tiramisu mit weichen, nicht wässrigen Biskotten und geschmolzenem Kakaopulver überzogen, in max. 1,5 cm kleinen Stücken	×	×	×	✓
Speiseeis siehe Milchprodukte				
Naschen und Snacks				
Siehe Milchprodukte, Obst, Gemüse und Zubereitungen daraus, Getreideprodukte, Mehlspeisen und Desserts. Hier finden Sie viele Möglichkeiten!				
Schokolade mit oder ohne Stücke	×	×	×	×
Karamellen, Toffees, Bonbons	×	×	×	×
Kaubonbons, Kaugummi	×	×	×	×
Studentenfutter	×	×	×	×
Gummibären, Marshmallows	×	×	×	×
Kekse, Schnitten, Biskotten	×	×	×	×
Knabbergebäck, Salzstangen, Chips, Popcorn	×	×	×	×
Dekorationen				
Passierte Zubereitungen ohne Stücke (z. B. Erdbeersauce passiert)	✓	✓	✓	✓
Geschmolzener Puderzucker oder geschmolzenes Kakaopulver	✓	✓	✓	✓
Lose und gehackte Kräuter, Blüten, Röstzwiebel	×	×	×	×
Hagelzucker, Mandelblättchen, Schokostreusel oder Ähnliches	×	×	×	×
Butterbrösel oder Ähnliches	×	×	×	×
Loser/pudriger Puderzucker bzw. Kakaopulver	×	×	×	×
Alle Arten von fester Dekoration	×	×	×	×

KLEINES KÜCHENLEXIKON

Biskotten	Löffelbiskuit
Crème fraîche	Schmand
Farce	homogen gekutterte Fleisch- und Fischzubereitungen
faschieren	hacken, wolfen (Fleisch)
Faschiertes	Hackfleisch
Fond	Suppe, Sud
Gervais	Frischkäse aus Vollmilch und Sahne
homogen	einheitliche Konsistenz, ohne feste Stücke/Kräuter
karamellisieren	Erhitzen von Zucker bis zu flüssiger, brauner Masse. Der Zucker sollte nicht zu dunkel werden
Karfiol	Blumenkohl
Karotten	Möhren
Kohlrabi	Kohlrübe
kuttern	starkes Zerkleinern und Vermischen von Lebensmitteln, insbesondere von Fleisch, mithilfe eines Kutters bzw. Zerkleinerers (bekannt unter dem Begriff „Moulinette")
Maroni	Esskastanien, Maronen
Nocken	Klößchen
Obers	süße Sahne
Palatschinken	Pfannkuchen
paprizieren	Paprikapulver über das Gericht streuen und kurz mitrösten
passieren	Herstellen von Flüssigkeiten und Massen ohne feste Bestandteile, indem die Masse durch ein feines Sieb gestrichen wird. Spitz- bzw. Haarsiebe eignen sich hierfür besonders gut
Polenta	Maisgrieß
pürieren	Verarbeiten zu einem feinen, homogenen Brei mithilfe eines Mixers bzw. Pürierstabes
QimiQ	fertig erhältliches Sahne-Gelatine-Gemisch
reduzieren	mithilfe von Hitze Flüssigkeit verdampfen und das Kochgut dadurch konzentrieren

Sauerrahm	saure Sahne
Schalotte	Edelzwiebel
Schlagobers	süße Sahne
Schnee	geschlagenes Eiweiß
Semmel	Brötchen
Semmelbrösel	Paniermehl
Soufflé	zarter, lockerer Auflauf
SPUMA instant	Pulver zum Stabilisieren von Schaum, erhältlich in Apotheken und beim Hersteller unter www.biozoon.de
stabilisieren	Veränderung der Konsistenz verhindern; z. B. das Absetzen von Fruchtsaft aus Fruchtmus, „Schmelzen"/Verflüssigen von geschlagenem Obers/Sahne (siehe Kapitel „Konsistenzanpassung", S. 36)
Staubzucker	Puderzucker
Striezel	Hefezopf
Topfen	Quark
verquirlen	mit einer Gabel oder einem Schneebesen die Zutaten gut vermengen
Vogerlsalat	Feldsalat, Rapunzel
Zesten	Abrieb von Schalen

ABKÜRZUNGEN

bzw.	beziehungsweise
ca.	circa
cm	Zentimeter
EL	Esslöffel
evtl.	eventuell
F. i. T.	Fett in der Trockenmasse
g	Gramm
kg	Kilogramm
l	Liter
max.	maximal
Min.	Minuten
mind.	mindestens
ml	Milliliter
Msp.	Messerspitze
Pkg.	Packung
Stk.	Stück
TL	Teelöffel

FÜR THERAPEUT:INNEN: ANLEITUNG ZUR DURCHFÜHRUNG DES IDDSI-FLOW-TESTS

Der IDDSI-Flow-Test (Test der Fließgeschwindigkeit von Flüssigkeiten) dient vor allem zur Beurteilung der Konsistenz von Flüssigkeiten entsprechend den IDDSI-Stufen 0 bis 4. Hierfür ist eine Einmalspritze mit einem Volumen von 10 ml zu verwenden. Die Auslaufdüse kann sich mittig oder seitlich befinden, muss jedoch über eine Luer-Lock- oder Slip-Düse verfügen. Spritzen mit Katheterdüsen sind nicht geeignet. Der Skalenbereich von 0 bis 10 ml muss sich über eine Länge von 61,5 mm erstrecken. Die Düse muss frei von Plastikrückständen bzw. Verunreinigungen sein.

Für die Durchführung benötigen Sie zwei der beschriebenen 10-ml-Spritzen sowie die zu testende Flüssigkeit und eine Stoppuhr.

Der Test zur Einstufung der Flüssigkeitskonsistenz ist wie folgt beschrieben:

- Bereiten Sie eine Stoppuhr und zwei 10-ml-Einmalspritzen vor. Entfernen Sie den Kolben aus der Einmalspritze (wird nicht benötigt).
- Halten Sie die Auslaufdüse der Spritze mit dem Finger zu.
- Ziehen Sie die Testflüssigkeit mit der anderen 10-ml-Spritze auf und füllen Sie sie in die vorbereitete Einmalspritze bis zur 10-ml-Markierung.
- Nehmen Sie den Finger von der Auslaufdüse und drücken Sie gleichzeitig die Stoppuhr.
- Halten Sie die Auslaufdüse nach Ablauf von 10 Sekunden wieder mit dem Finger zu und lesen Sie das Restvolumen (verbliebene Menge in der Spritze) in ml ab.

Die Videoanleitung finden Sie unter
http://iddsi.org/framework/drink-testing-methods/

Einstufung des Restvolumens nach dem IDDSI-Flow-Test

Nach der Durchführung des Tests ist das Ergebnis und somit eine mögliche Eignung zu beurteilen. Die einzelnen Stufen werden wie folgt beschrieben:

IDDSI	Restvolumen in der Spritze*	Merkmale
Stufe 0	0 ml	**dünnflüssig** Die gesamte Flüssigkeit ist aus der Spritze geflossen: • fließt wie Wasser • kann durch jedwede Schnabelöffnung, durch Schnulleraufsätze oder durch einen Strohhalm getrunken werden
Stufe 1	1–4 ml	**leicht dickflüssig** Es ist ein Restvolumen zwischen 1 und 4 ml vorhanden: • dicker als Wasser • benötigt etwas mehr Anstrengung, als beim Trinken von reinem Wasser aufgewendet wird • fließt durch Sauger, Strohhalm und Spritze
Stufe 2	4–8 ml	**mäßig dickflüssig** Es ist ein Restvolumen zwischen 4 und 8 ml vorhanden: • fließt rasch vom Löffel, aber langsamer als dünne Flüssigkeiten (Stufe 1 bzw. 0) • benötigt Anstrengung, um mit einem Strohhalm getrunken zu werden
Stufe 3	mehr als 8 ml	**stark dickflüssig** Es ist ein Restvolumen von mehr als 8 ml vorhanden, dennoch ist etwas von der Flüssigkeit ausgelaufen: • fließt langsam vom Löffel • behält auf einem Löffel nicht seine Form • fließt durch Gabelzinken • schwer mit einem Strohhalm zu trinken
Stufe 4 oder höher	10 ml	**extrem dickflüssig** Die Testflüssigkeit ist zur Gänze in der Spritze verblieben. Die Konsistenz entspricht Level 4 oder darüber: • fließt sehr langsam • behält auf einem Löffel seine Form • muss nicht gekaut werden • kann nicht durch einen Strohhalm getrunken werden

* Denken Sie daran, dass diese Restmengen sich ausschließlich auf Spritzen von 61,5 mm mit einer Länge des Skalenbereiches 0 bis 10 ml beziehen und nicht auf andere Spritzen übertragen werden können!

QUELLEN

Schluckvorgang

Bartolome, G./Neumann, S. (2010): Physiologie des Schluckvorgangs. In: BARTOLOME, G./ SCHRÖTER-MORASCH, H. [Hrsg.]: Schluckstörungen. Diagnostik und Rehabilitation (4. Aufl.), S. 16–35. München: Elsevier.

Schluckstörung – Dysphagie

Berufsverband der österreichischen Logopädinnen und Logopäden: Schluckstörung/Dysphagie [WWW], http://www.logopaedieaustria.at/images/Dokumente/Schluckstoerung.pdf [02.01.2017]

Berufsverband der österreichischen Logopädinnen und Logopäden: Therapeutensuche [WWW], www.logopaedieaustria.at/index.php/therapeutensuche [10.02.2017]

Deutscher Bundesverband der akademischen Sprachtherapeuten e.V.: Verzeichnis der ambulant tätigen akademischen Sprachtherapeuten in Deutschland [WWW], http://www.dbs-ev.de/betroffene-und-angehoerige/therapeutenverzeichnis/ [10.02.2017]

Deutscher Bundesverband für Logopädie e.V.: Bundesweite Logopädensuche [WWW], www.dbl-ev.de/service/logopaedensuche.html [10.02.2017]

Deutsche Gesellschaft für Sprachheilpädagogik e.V. [WWW], http://www.dgs-ev.de/ [10.02.2017]

Deutschschweizer Logopädinnen- und Logopädenverband: Listen von spezialisierten Logopädinnen und Logopäden [WWW], www.logopaedie.ch/links-listen [10.02.2017]

Dysphagie.ch: Adressen Diagnostik und Therapie [WWW], www.dysphagie.ch/deutsch/adressen-diagnostik-therapie/ [10.02.2017]

King, J. M./Ligman, K. (2011): Patient Noncompliance With Swallowing Recommendations: Reports From Speech-Language Pathologists. CICSD. 2011; 38: 53–60

Klinische Linguistik: Kliniken [WWW], www.klinische-linguistik.de/index.php/kliniken [10.02.2017]

logopaeden.at: LogopädInnen suchen [WWW], www.logopaeden.at [10.02.2017]

Parker C. et al. (2004): Awareness of dysphagia by patients following stroke predicts swallowing performance. Dysphagia. 2004; 19 (1): 28–35

Prosiegel, M./Buchholz, D. (2006): Mit Schluckstörungen assoziierte neurologische Erkrankungen. In: BARTOLOME G./SCHRÖTER-MORASCH, H. [Hrsg.]: Schluckstörungen. Diagnostik und Rehabilitation (3. Aufl.), S. 51–74. München: Elsevier

Prosiegel, M./Weber, S. (2010): Medizinische Folgen von Dysphagien. In: THIEL, M. M./EWERBECK, C. [Hrsg.]: Dysphagie. Diagnostik und Therapie. Ein Wegweiser für kompetentes Handeln, S. 70–76. Berlin, Heidelberg: Springer

Prosiegel, M./Weber, S. (2010): Mit Schluckstörungen assoziierte Erkrankungen. In: THIEL, M. M./ EWERBECK, C. [Hrsg.]: Dysphagie. Diagnostik und Therapie. Ein Wegweiser für kompetentes Handeln, S. 39–67. Berlin, Heidelberg: Springer

Diagnostik von Schluckstörungen

Bartolome, G. (2010): Klinische Eingangsuntersuchung bei Schluckstörungen. In: BARTOLOME G./ SCHRÖTER-MORASCH H. [Hrsg]: Schluckstörungen: Diagnostik und Rehabilitation (4. Aufl.), S. 155–172. München: Elsevier

Logemann, J. A./Larsen, K. (2012): Oropharyngeal dysphagia: pathophysiology and diagnosis for the anniversary issue of Diseases of the Esophagus. Diseases of the Esophagus. 2012; 25: 299–304

Prosiegel, M. et al. (2015): Neurogene Dysphagien. Leitlinien für Diagnostik und Therapie in der Neurologie [WWW], http://www.dgn.org/images/red_leitlinien/LL_2014/PDFs_Download/030111_DGN_LL_neurogene_dysphagien_final.pdf [02.01.2017]

Therapie von Schluckstörungen

Bartolome, G. (2010): Grundlagen der funktionellen Dysphagietherapie (FDT). In: BARTOLOME, G./ SCHRÖTER-MORASCH, H. [Hrsg.]: Schluckstörungen. Diagnostik und Rehabilitation (4. Aufl.), S. 246–370. München: Elsevier

Brunen, M. H./Herold, E. E. (2001): Ambulante Pflege. Die Pflege gesunder und kranker Menschen (2. Aufl.). Hannover: Schlütersche

Dziewas R., Pflug C. et al., Neurogene Dysphagie, S1-Leitlinie, 2020, in: Deutsche Gesellschaft für Neurologie (Hrsg.), Leitlinien für Diagnostik und Therapie in der Neurologie. Online: www.dgn.org/leitlinien (abgerufen am 12.07.2022)

Morales, R. C. (1998): Die Orofaziale Regulationstherapie. München: Richard Pflaum

Nusser-Müller-Busch, R. (2011): Die Therapie des Facio-Oralen Trakts: F.O.T.T. Nach Kay Coombes. Berlin, Heidelberg: Springer

Prosiegel, M./Weber, S. (2010): Vorstellung verschiedener Therapiekonzepte. In: THIEL, M. M./EWERBECK, C. [Hrsg.]: Dysphagie. Diagnostik und Therapie. Ein Wegweiser für kompetentes Handeln, S. 120–127. Berlin, Heidelberg: Springer

Prosiegel, M./Weber, S. (2010): Therapieplanung. In: THIEL, M. M./EWERBECK, C. [Hrsg.]: Dysphagie. Diagnostik und Therapie. Ein Wegweiser für kompetentes Handeln, S. 130–139. Berlin, Heidelberg: Springer

Prosiegel, M./Weber, S. (2010): Therapiebausteine. In: THIEL, M. M./EWERBECK, C. [Hrsg.]: Dysphagie. Diagnostik und Therapie. Ein Wegweiser für kompetentes Handeln, S. 144–191. Berlin, Heidelberg: Springer

Schröter-Morasch, H. (2006): Medizinische Basisversorgung von Patienten mit Schluckstörungen – Trachealkanülen – Sondenernährung. In: BARTOLOME, G./SCHRÖTER-MORASCH, H. [Hrsg.]: Schluckstörungen. Diagnostik und Rehabilitation (3. Aufl.), S. 16–35. München: Elsevier

Diätetische Therapie

Prosiegel, M./Weber, S./Thiel, M.M/Frauer, C. (2013): Dysphagie: Diagnostik und Therapie. Ein Wegweiser für kompetentes Handeln (2., aktualisierte Auflage), S. 194. Berlin, Heidelberg: Springer

Konsistenzangepasste Kost

www.iddsi.org [10.07.2022]

https://iddsi.org/IDDSI/media/images/Translations/IDDSI_Framework_V2_German-_Final_22Jun2020.pdf [10.07.2022]

So schmeckt alles gleich viel besser

http://www.feeling.at/shop/nahrungsergaenzung/naturreine-oele-fuer-die-aromakueche.html. [01.01.2017]

Umsetzung der Empfehlungen in die Praxis

Scherz, H. (1996): Hydrokolloide. Stabilisatoren, Dickungs- und Geliermittel in Lebensmitteln (2., überarbeitete Auflage), S. 9. Hamburg: B. Behrs's

Hanson, B./Cox, B./Kaliviotis, E./Smith, Ch. H. (2012): Effects of Salvia on Starch-thickened Drinks with Acidic and Neutral pH. Dysphagia. 2012; 27: 427–435. http://download-1springer-1com-1springerlink.han.fhwn.ac.at/static/pdf/868/art%253A10.1007%252Fs00455-011-9386-5.pdf?originUrl=http%3A%2F%2Flink.springer.com%2Farticle%2F10.1007%2Fs00455-011-9386-5&token2=exp=1471371260~acl=%2Fstatic%2Fpdf%2F868%2Fart%25253A10.1007%25252Fs00455-011-9386-5.pdf%3ForiginUrl%3Dhttp%253A%252F%252Flink.springer.com%252Farticle%252F10.1007%252Fs00455-011-9386-5*~hmac=d021b670e7650f27c9ad035f03ccc813736da571620da6d90265b5e73f92758b [20.06.2016]

Andickungsmittel

Kapeller, Ch. (o. J.): Mangelernährung & Schluckstörungen: Diagnostik und Therapie in der Diätologie. [WWW], https://www.nestle.at/asset-library/documents/klinische%20ern%C3%A4hrung/downloads/mangelern%C3%A4hrung%20und%20schluckst%C3%B6rungen,%20christine%20kapeller.pdf [08.01.2017]

Quelle/Firmen bzw. Andickungsmittel-Produkte:

https://www.nestlehealthscience.at/products/resource-thickenup. 2013. [17.04.2016]

https://www.nestlehealthscience.de/asset-library/documents/etiketten/resource_thickenup_clear_125g.pdf. [04.04.2016]

https://www.nutilis.de/produkt/nutilis-powder. [17.04.2016]

https://www.nutilis.de/produkt/nutilis-clear. [17.04.2016]

https://www.fresenius-kabi.de/files/Datenblatt_Thick_and_Easy_2014-11.pdf. [04.04.2016]

https://www.fresenius-kabi.de/files/Datenblatt_Fresubin_Clear_Thickener_2015-04.pdf. [12.04.2016]

http://www.abbott-enterale-ernaehrung.de/Produkte/Analysedaten/5514101-Multi-Thick-Rev04.pdf. [04.04.2016]

http://www.biozoon.de/shop/smoothfood-Produkte/Texturgeber/VISCO-instant-200g:103.html?XTCsid=00c01382abf7671023c948e570cdb90a.[04.04.2016]

Konsistenzstufen

International Dysphagia Diet Standardisation Initiative (IDDSI) (2015): Detailed descriptions, testing methods and evidence. [WWW], http://iddsi.org/wp-content/uploads/2015/11/IDDSI-Foods_detailed_descriptors.pdf [21.9.2016]

International Dysphagia Diet Standardisation Initiative (IDDSI) (2016): Complete IDDSI Framework Detailed definitions. [WWW], http://iddsi.org/wp-content/uploads/2016/10/Opt_CompleteFramework_IDDSI-Framework_updated_12October2016ZS-Edit_final.pdf [7.1.2017]

Mangelernährung

Kramer, L. et al. ([2]2018): Ernährung bei Lebererkrankungen, S. 47–49. Wien: Maudrich

Schauder, P. (2006): Unterernährung des Erwachsenen. In: Schauder, P./Ollenschläger, G. [Hrsg.]: Ernährungsmedizin. Prävention und Therapie, S. 645–657. München: Urban & Fischer

Veitl, V. (2009): Prophylaxe und Therapie der Wundheilungsstörung – Bedeutung der Ernährung. In: Widhalm, K. [Hrsg.]: Ernährungsmedizin, S. 307–320. Wien: Verlagshaus der Ärzte.

Abbildung: Kreislauf der Mangelernährung. Schindlegger, W. (2001): Ursachen der Anorexie im Alter. J für Ernährungsmedizin. 2001; 3 (3): 7–11.

Eiweißbedarf

Dotter, C. et. al. (2011): Ernährung, Diätetik, Diaetologische Behandlung: Nierenerkrankungen und Harnsteine. Wien: Verband der Diaetologen Österreichs

Galvan, O. (2010): Erhebung des Ernährungszustandes von Erwachsenen im ambulanten und stationären Bereich. In: Ledochowski, M. et al. [Hrsg.]: Klinische Ernährungsmedizin, S. 84. Wien: Springer

Vaupel, P./Biesalski, H. K. (2010): Proteine. In: Biesalski, H. K. et al. [Hrsg.]: Ernährungsmedizin, S. 109–132. Stuttgart: Thieme

Tipps bei ...

Altmeyer, P. (2015): Xerostomie. In: Die Online-Enzyklopädie der Dermatologie, Venerologie, Allergologie und Umweltmedizin. Berlin, Heidelberg: Springer. [WWW], http://www.enzyklopaedie-dermatologie.de/artikel?id=4390 [23.02.2016]

Deutsches Krebsforschungszentrum, Krebsinformationsdienst (2014): Mundtrockenheit nach Bestrahlung – was tun? [WWW], http://www.krebsinformationsdienst.de/leben/mundtrockenheit/mundtrockenheit-index.php [23.02.2016]

Draper, R./Knott, L. (2013): Dry Mouth (Xerostomia). Patient.co.uk, Document ID 319(v3). [WWW], http://www.patient.co.uk/doctor/dry-mouth-xerostomia [23.02.2016]

Heyn, G. (2005): Schmerzhaft wund im Mund. Pharmazeutische Zeitung online, Ausgabe 41/2005. [WWW], http://www.pharmazeutische-zeitung.de/index.php?id=titel_41_2005 [30.10.2016]

Fillbrandt, A. (2015): Therapeutische Mundpflege – wie? [WWW], http://logo.paedis.ch/dysphagie/therapeutische-mundpflege-wie/ [12.05.2016]

Fillbrandt, A. (2016): Was hilft bei Hypersalivation? [WWW], http://logo.paedis.ch/dysphagie/hilft-bei-hypersalivation/ [12.05.2016]

Köhler, W. et al. (2014): Schluckstörungen. Ein Überblick aus neurologischer Sicht. Lila Reihe, Firma Nutricia.

Meyer-Lueckel, H./Kielbassa, A. (2002): Die Verwendung von Speichelersatzmitteln bei Patienten mit Xerostomie. Schweizer Monatsschrift Zahnmedizin. 2002; 112 (10): 1037–1048.

Schellerer, S. (2003): Mundtrockenheit. Ein Leben ohne Spucke [WWW], http://www.pharmazeutische-zeitung.de/index.php?id=26114 [12.05.2016]

Rezepte

Das Große Herbst- und Winterkochbuch. Kochen und Küche, S. 9, 17. Graz: Leopold Stocker, 2001

Das Apfel-Kochbuch. Kochen und Küche, S. 106. Graz: Leopold Stocker, 2000

Allin Diätetik GmbH: Eiweißreiche Küche mit allin®, S. 12. AV+Astoria Druckzentrum Wien.

QimiQ Rezeptdienst. ID 0002032D, ID 0402034D, ID 0202031D

Schramböck, St. (2015): Kochworkshop Dysphagie. Konsistenzstufen und Anreicherungsmöglichkeiten. Wien, 17.10.2015

http://www.kraeuter-buch.de/magazin/kraeuteroel-zum-selber-machen-rezepte-und-tipps-47.html. [02.01.2016]

http://geschmeidigekoestlichkeiten.at/hauptspeise/lachsforellen-guglhupf-pastinakenpueree-und-rote-rueben-schalotten/ [06.01.2017]

http://www.nutricia.ie/recipes/view-recipe/nutilis_soaking_solutions_for_dysphagia [20.02.2017]

http://www.diaetverband.de/wissenswertes/dysphagie/kostformen/ [23.04.2016]

Verband der Diätologen Österreichs (2006): Diagnose Krebs. Das große Ernährungsbuch. Wien: Hubert Krenn

http://www.chefkoch.de/rezepte/3165021471170040/Wassermelonen-Gurken-Smoothie.html. [26.02.2017]

Anhang

Deutsche Gesellschaft für Ernährung e. V. (2015): Vollwertig essen und trinken nach den 10 Regeln der DGE. [WWW], https://www.dge.de/fileadmin/public/doc/fm/10-Regeln-der-DGE.pdf [12.05.2015]

Flow-Test

Hanson, B. (2015): IDDSI Framework. Testing Methods. IDDSI FLOW TEST, https://iddsi.org/IDDSI/media/images/TestingReferenceCards/IDDSI_Reference_Card_GERMAN_Folded_DL_Sponsors_Oct9_2020_bleed.pdf [22.09.2022]

REZEPTVERZEICHNIS

Dies & Das

Stufe 2: Mäßig dickflüssig (sirup-/nektarartig)

Stufe 3: Stark dickflüssig (honigartig)

Stufe 4: Extrem dickflüssige Getränke (honig- bis puddingartig) und breiig-pürierte Kost (dickbreiig)

Stufe 5: Zerkleinert und durchfeuchtet

Stufe 6: Weich und mundgerecht